*A sociedade
como veredito*

Didier Eribon
A sociedade como veredito: classes, identidades, trajetórias
La société comme verdict: classes, identités, trajectoires

© Librairie Arthème Fayard, 2013
© Editora Âyiné, 2022

Tradução **Luzmara Curcino**
Preparação **Camila Boldrini, Tamara Sender**
Revisão **Giovani T. Kurz, Andrea Stahel**
Projeto gráfico **Violaine Cadinot**
Produção gráfica **Daniella Domingues**

ISBN 978-65-5998-060-4

Âyiné

Direção editorial **Pedro Fonseca**
Coordenação editorial **Luísa Rabello**
Direção de arte **Daniella Domingues**
Coordenação de comunicação **Clara Dias**
Assistente de comunicação **Ana Carolina Romero, Carolina Cassese**
Assistente de design **Lila Bittencourt**
Conselho editorial **Simone Cristoforetti, Zuane Fabbris, Lucas Mendes**

Praça Carlos Chagas, 49. 2º andar. Belo Horizonte 30170-140
+55 31 3291-4164
www.ayine.com.br | info@ayine.com.br

DIDIER ERIBON

A sociedade como veredito
Classes, identidades, trajetórias

Tradução
Luzmara Curcino

Âyiné

SUMÁRIO

Abertura	9

I — Hontoanálise

1. Herdar, diferir	13
2. O eu e suas sombras	50
3. Os paradoxos da reapropriação	87

II — Ao ler Ernaux

1. As ambiguidades da cultura	119
2. As artimanhas do determinismo	158
3. As condições da memória	180

III — Memoro-política

1. Luta de classes	215
2. A «cultura popular» e a reprodução social	252
3. Genealogias	296

Epílogo. Recorrer	319

Para G., é claro.

ABERTURA

Então tenho de aqui voltar a ele.

Isso não fazia parte das minhas intenções. Eu esperava poder deixar para trás, tão logo o tivesse publicado, o meu *Retorno a Reims*,[1] que foi para mim motivo de tanto sofrimento. Queria publicar o livro e... esquecê-lo. Para então retomar, ao cabo do que deveria ter sido apenas um parêntese no meu trabalho, os projetos que tinha deixado em suspenso por um período que eu esperava que fosse o mais breve possível.

Será que de fato acreditei que poderia ter sido assim? Teria sido possível? Eu descobriria, bem rápido, que um «retorno» nunca termina. Mais do que isso, eu descobriria que um «retorno» nunca é realmente algo que se termina, nem em seu percurso efetivo, nem na reflexão que o acompanha e que, até certo ponto, torna-o possível ao torná-lo inteligível. Não há retorno sem reflexividade.

1. Didier Eribon, *Retorno a Reims*. Belo Horizonte, Veneza: Âyiné, 2020.

Os dois se conjugam e se confundem. Mas a reflexividade é geradora de complexidade e de incerteza. Se o itinerário desse retorno foi algo problemático, desde que o percorri ele passou a ser caótico. Assim, muito rapidamente, pareceu-me inevitável ter de completar tanto as narrativas quanto as análises que eu tinha proposto. Ter de me dedicar a aprofundá-las. Escrever o livro *Retorno a Reims* se impôs para mim com a força de uma necessidade. Agora eu tinha de continuá-lo.

Em uma resenha calorosa do *Retorno a Reims*, Annie Ernaux o descreveu como uma «autoanálise levada ao extremo». Essa descrição muito me emocionou. De fato, eu tinha concebido meu projeto como um esforço para ir o mais longe possível na exploração de mim mesmo. Isto é, na exploração dos mundos sociais nos quais vivi minha infância e minha adolescência, e dos processos pelos quais uma trajetória desviante e ascendente me afastou do destino que me aguardava — afastando-me, por isso mesmo, de minha família e de meu meio de origem. O livro não era portanto sobre mim, mas sobre a realidade social, com suas hierarquias em toda parte evidenciadas e com seus veredictos em toda parte pronunciados, isto é, sobre a violência que essa realidade contém e que inclusive a define. Annie Ernaux, autora de *Une femme* [Uma mulher] e *La Honte* [A vergonha], mas também de

L'Événement [O acontecimento] e *La Femme gelée* [A mulher gelada],[2] melhor do que ninguém, sabe a que ponto escrever livros desse tipo nos faz correr riscos, ela que várias vezes disse que só queria escrever livros que a colocassem em perigo, livros depois dos quais seria difícil encarar os outros, olhá-los nos olhos, uma vez que sabemos que lhes concedemos poder sobre nós.

Mas toda «radicalidade» é provisória. E, uma vez atingida, ou seja, conquistada por um trabalho paciente e doloroso sobre si mesmo, e ao final de uma sucessão de crises nas quais se pensa em renunciar, ou se renuncia efetivamente, antes de se obrigar a continuar, essa radicalidade se torna aquilo que convém ultrapassar. Sentimo-nos impelidos a ir ainda mais longe e tentar desvendar um pouco mais os mistérios da magia social cuja terrível eficácia possibilita a perpetuação dos mecanismos de dominação e a manutenção da ordem política. Tentar compreender, simplesmente, por que e como «isso funciona», por que isso continua. E, já que é assim, será que cada um de nós não participa, de uma forma ou de

---

2. Optou-se por manter inalteradas as referências bibliográficas do texto original francês para não sobrecarregar as notas com referências às edições brasileiras, muitas vezes notórias e de fácil localização, com exceção dos trechos de livros de Annie Ernaux já publicados em português. [N. E.]

outra, da reprodução dessa ordem? Que tipo de adesão tácita ou explícita — em todo caso, sempre mais forte do que acreditamos ou do que gostaríamos que fosse — há em cada um de nós, com relação às estruturas sociais e mentais que herdamos, cuja história está gravada no mais profundo de nosso corpo e de nossa subjetividade, fabricando-nos e nos predeterminando como agentes sociais?

Pois então, eu tive de voltar a ele. E o fiz tendo por método o mesmo de que me vali em *Retorno a Reims*, o qual gostaria de chamar de «introspecção sociológica», se me permitem esse oximoro. Nesse método, os resultados obtidos ganham sentido ao entrar em ressonância com textos literários e teóricos que encararam problemas análogos àqueles que busquei formular e compreender.

Este novo livro começou como um diálogo com a obra de Annie Ernaux e a de Pierre Bourdieu. Outros autores rapidamente vieram se juntar a eles. E é nesse vaivém entre os elementos mais ligados à vida cotidiana, de um lado, e os enunciados mais incisivos da cultura erudita e literária, de outro, que pode ter nascido — espero — alguma coisa que se assemelhe a um conhecimento crítico que, imbuído do desejo de mudar o mundo social, possa encontrar aqui meios, ainda que iniciais, para sua realização.

I – HONTOANÁLISE [1]

1. Herdar, diferir

Tenho diante de mim duas imagens. Elas são tão diferentes que é difícil imaginar que foram usadas para ilustrar duas capas de um mesmo livro, com apenas um ano de intervalo entre uma e outra. A primeira delas figura na capa da edição original de meu livro *Retorno a Reims*, lançado em outubro de 2009. A segunda, na edição de bolso, publicada em outubro de 2010.

Escolhi a primeira imagem com muito cuidado. Ela reproduz, em formato reduzido, uma tela do artista Nicolas de Staël, intitulada *La Route d'Uzès* (1954). É possível

---

1. Com a proposição desse neologismo em francês, «*honto-analyse*», o autor enfatiza o papel da vergonha, «*honte*», como elemento central dos determinismos sociais, de cujo papel a compreensão é também central para a emancipação individual e coletiva. Na falta de palavra morfologicamente equivalente em português, mantivemos o neologismo. [N. T.]

ver nela os contornos de um caminho que quem observa se pergunta onde vai dar, e pode-se imaginar que é possível percorrê-lo nas duas direções, a da ida e a da volta, como dois momentos da vida, dois momentos da minha vida, em todo caso, justamente aqueles que busquei restituir nas páginas desse meu livro. O quadro de um artista que admiro me permitiria fugir do enfoque sobre o «eu» e conduzir a atenção prioritariamente para as estruturas do mundo social: uma estrada, uma paisagem, uma cidade... Isto é, remeteria à relação com o tempo e com o espaço, com a história e com a geografia, precisamente situadas no livro e ao mesmo tempo suficientemente imprecisas para que cada leitor pudesse, a sua maneira, se projetar. E talvez a linha que divide ao meio a tela (o caminho) simbolizasse a dissociação do «eu» ou a clivagem da personalidade sobre as quais o livro tratava. Além disso, quando fiz essa escolha, eu sabia que Staël, alguém que conheceu desde a infância o exílio e a errância, tinha se suicidado pouco tempo depois de ter pintado esse quadro, o que dava um toque dramático àquele panorama aparentemente aprazível. Tomar um caminho — de ida ou de volta — sempre comporta riscos, e não sabemos necessariamente o que nos espera, nem o que vamos descobrir, nem o que vamos nos tornar. A violência do mundo nos persegue em todos os lugares, mesmo quando ela se encontra escondida por detrás da ordem naturalizada das coisas. Ao comentar outra tela de Nicolas de Staël, do mesmo período, Ernst Gombrich[2] se surpreende com o modo como algumas pinceladas se justapõem na tela, milagrosamente, dando ao mesmo tempo uma impressão de luz e uma impressão de distância. Aquele clima de mistério e de incerteza me pareceu ideal. Além disso, essa minha escolha correspondia ao protótipo de capa adotado pela editora para a coleção de que meu livro faria parte: sob o título da obra, dentro de um quadro no centro da capa, uma obra de arte contemporânea (e estou feliz por respeitá-lo neste novo livro, pelas mesmas razões, novamente com um quadro de Nicolas de Staël, da mesma série). Fiquei bastante satisfeito, já que o resultado me pareceu particularmente bem-sucedido. É sempre fácil, e muito agradável, satisfazer seu próprio narcisismo cultural.

A outra imagem? Para a edição de bolso, a editora insistiu para que eu lhe desse uma foto minha. Esse pedido já tinha sido feito antes: quando a primeira edição do livro foi publicada, vários jornais me perguntaram se eu não poderia lhes enviar fotografias de minha infância, de

---

2. Ernst Gombrich, *The Story of Art*. 15. ed. Londres: Phaidon Press, 1989, p. 482.

minha adolescência, para ilustrar suas resenhas. Eu lhes respondia sistematicamente: «Não tenho nenhuma». Era mentira. Minha mãe tinha me dado algumas, encontradas em caixas que tínhamos aberto juntos, em um momento bem marcante, logo após a morte de meu pai. Essa mentira não foi contada sem algum peso na consciência. Enquanto os artigos elogiavam minha coragem... não pude evitar me sentir constrangido por essa mentira que me parecia de uma enorme covardia. Significava que eu ainda tinha muita dificuldade em assumir minha história familiar. Eu me sentia capaz de falar sobre ela em um discurso elaborado, formal, mas simplesmente não estava nada disposto a mostrá-la.

Apesar disso, as fotografias não estavam ausentes de meu livro. Nele, eu me dediquei a descrever várias delas. Aliás, elas desempenharam o papel de gatilho para muito do que ali foi escrito. A rememoração da história familiar e social passa quase inelutavelmente pelo ato de olhar velhas fotos, que nos impõem sua força de evidência. É como se, com elas, não fosse possível trapacear, como podemos fazer com as lembranças. E quando não nos lembramos ou quando nos lembramos muito vagamente de algo... as fotografias exibem o mundo, não como vontade, mas como representação: o real tal como se deu. Mesmo assim, evitei mostrá-las. Martine Sonnet, ao contrário, usou uma fotografia sua na capa de seu livro *Atelier 62* [Oficina 62]. Seu pai caminha, com as mãos nos bolsos de seu uniforme de trabalho, na entrada da fábrica da Renault em Boulogne-Billancourt. O que se segue no livro parece já estar inscrito nesse clichê fotográfico. A autora desdobra pacientemente cada uma das significações contidas na imagem. O corpo desse homem, operário da forja, o setor mais duro da fábrica, aparece como a encarnação de um tipo de profissão, de um tipo de existência... eu ousaria dizer, como a representação arquetípica de uma classe, de um mundo. Nessa foto se encontram inscritos seu passado, seu presente, seu futuro, em resumo, sua identidade social, fixada nesse instante como o palco permanente de uma vida, o horizonte intransponível de um destino. A autora tinha razão em querer mostrar aquilo de que ia falar. As palavras se tornam mais fortes, as frases mais densas, quando temos sob nossos olhos aquilo que elas tentam explicitar. Eu adorei esse livro. Porém seu conteúdo continua, para mim, indissociável da imagem com a qual ele se inicia.[3]

Esse pedido — «Você teria uma foto sua para nos enviar?» — ressurgia então, alguns meses mais tarde, provocando em mim os mesmos tormentos de antes. Minha

---

3.   Martine Sonnet, *Atelier 62*. Bazas: Le Temps qu'il fait, 2009.

resposta foi a mesma: «Não». Eu a justificava dessa vez argumentando que «Não se pode enganar o leitor, o livro não é uma biografia, mas sim uma obra de reflexão teórica...». O que não era mentira. Eu temia que a intenção e talvez até mesmo o conteúdo do livro de algum modo fossem alterados em função disso. O efeito de uma capa é tão potente que pode atribuir a um livro, e a despeito dele, o gênero ao qual pertence. Nesse caso, uma foto minha poderia tender a personalizar e singularizar os problemas que eu ali busquei abordar, contrariando assim todos os meus esforços, que consistiram justamente em despersonalizá-los e coletivizá-los: em «sociologizá-los», de certa maneira. Dado que se tratava da realidade social e não de mim, por que colocar uma foto minha? Mobilizei meus conhecimentos e meus gostos em arte contemporânea para fazer contrapropostas. Sugeri pinturas de Clyfford Still, de Barnett Newman. Repetia que seriam escolhas «mais sóbrias e elegantes!». No entanto, o argumento intelectual e o argumento estético podem, de fato, dar conta de todas as razões pelas quais eu resistia à ideia de colocar ali uma foto minha? Entre aquelas de que eu dispunha, uma única talvez pudesse convir. Nela me vejo apoiado no capô daquele carro preto que meus pais tinham comprado de segunda mão, em meados da década de 1960, com o qual íamos pescar aos domingos, em vilarejos próximos localizados à beira do rio Marne. Estou com um de meus irmãos e com meu pai. Devo ter entre doze ou treze anos, e ele, consequentemente, 35 ou 36 anos. Ele ainda é jovem. Durante muito tempo, fez atividades físicas. Jogava em um time de basquete da fábrica onde trabalhava e, quando éramos crianças, nos fins de semana, meu irmão mais velho e eu o acompanhávamos com frequência nas viagens que ele fazia para enfrentar outras equipes de operários de fábricas das cidades vizinhas. Ele tem uma ótima aparência, e dá para ver que ele sabe disso. Por que então eu hesitava? Afinal de contas, o que aparecia nessa foto (o carro, os corpos, os penteados etc.) sinalizava, sem rodeios, a inscrição social dos retratados. E, o que é óbvio, na sua simplicidade capturada em preto e branco, ela apresentava mais verdade sociológica impessoal do que as sutis composições de cores das pinturas que eu havia sugerido. Mas será que não seria grande demais o contraste entre a obra de arte tão seleta da capa da primeira edição e essa foto quase caricatural das férias das classes populares? Passar de uma para outra poderia parecer um absurdo.

No entanto, era exatamente esse contraste, essa distância, que organizava a tensão do meu livro: a da transformação cultural de si atuando ao mesmo tempo como meio e como efeito da transformação social, aliada à vontade de, ao passar de um mundo social a outro, nos dissociarmos, na medida do possível, daquele de que saímos, para nos fundirmos àquele a que chegamos. O «retorno» obriga a repensar o percurso realizado e a se interrogar sobre a significação da distância que se instaurou. Além disso, o trabalho de exploração e escavação políticas de mim mesmo, que busquei realizar com esse livro, se acentuaria com esse remontar fotográfico ao tempo pessoal, individual. Remontar que consistia, precisamente, em percorrer no sentido inverso o deslocamento no espaço cultural, portanto social: voltar da cultura legítima à cultura popular, daquele que me tornei (alguém apaixonado pela obra de Michel Leiris e de Claude Simon, que vai escutar *Wozzeck*, *Capriccio* ou *Peter Grimes* na Ópera, que se comove com quadros de Nicolas de Staël...) àquele que eu tinha sido antigamente (filho de operário que ia pescar com a família nos fins de semana, lanchava na beira da estrada e posava para fotos ao lado de seu pai, com quem talvez já deixasse de se parecer).

Aquela segunda edição podia assim, por meio dessa simples mudança de ilustração da capa, me permitir dar um passo a mais no gesto de autossocioanálise, ou ao menos de sua explicitação visual. Percebi então que esse talvez fosse o passo mais difícil de dar. Foi difícil tomar uma decisão a esse respeito. Mostrar o que nos tornamos é agradável e enobrecedor. Mostrar o que fomos antes é bem menos. As fotos de que eu dispunha me enfeitiçavam. Eu sempre as procurava. Eu as analisava longamente como se, com paciência, elas pudessem ganhar vida sob meus olhos e me teletransportar para esse mundo que tinha sido o meu. O que pensava esse garoto naquela época, esse garoto que não era outro senão eu mesmo (se postularmos que o «eu» é constante e que mantém essa constância — e é aí que se encontra todo o problema sociológico e político que é preciso encarar — no conjunto de suas variações e de suas versões)? Como ele via seu futuro? O que ele pensava a esse respeito? O que ele sabia, naquela idade, sobre sua posição no espaço das classes sociais e sobre o quanto ela poderia implicar seu destino no itinerário escolar? Será que achava que tudo se daria de forma tranquila, já que ele até esboça, tanto nessa foto quanto em outras, um leve sorriso? No entanto, fiquei com a impressão de sempre ter sido marcado, até mesmo antes dessa época, por uma infância e uma adolescência definidas mais pela melancolia, pela tristeza, pela infelicidade em relação ao mundo e aos outros. Será que é porque a foto não diz tudo? Ou será que é porque eu reinventei meu passado nesses termos, retrospectivamente, depois de ter vivido tudo, de ter me tornado quem me tornei e depois da releitura da minha infância e da minha adolescência? Não. Tenho certeza de que fui aquele adolescente inquieto e atormentado de quem guardei a imagem interior. Houve até, um pouco mais tarde, uma tentativa de suicídio, que preferi omitir de minha narrativa (uma caixa de remédio engolida em meu quarto, cujo único efeito foi me fazer dormir quinze horas seguidas). Também preferi omitir as tendências suicidas que me perseguiram durante anos (como ocorre a tantos jovens gays com baixa autoestima, que não têm ninguém com quem falar e que só podem imaginar seu futuro sob o signo da apreensão e até mesmo da angústia). Mesmo o sorriso, que só consegue ser esboçado, é como uma concessão às exigências do instante fotográfico. E me pergunto o que ainda me liga àquele garoto, o que em mim vem dele, sobreviveu dele, depois de tantos anos e de tantas evoluções. Esse «face a face» comigo mesmo, eu desejaria tê-lo guardado em segredo, de modo algum torná-lo público ou, ao menos, já que eu o tinha tornado público em um livro, não o tornar visível, tangível. Eu disse tantas vezes, implicitamente, aos meus leitores: «Leiam sem ver». E tive de me confrontar com a decisão de, a partir de então, dizer «Leiam e vejam». Não! Para mim, isso era quase impossível.

A editora insistiu: «É uma edição de bolso, destinada a um público amplo...». Deixei então de ser tão categórico:

«Vou dar uma olhada no que eu tenho». Depois, acabei aceitando. Mas, com certeza, aqueles que compraram esse pequeno livro de bolso constataram que eu cuidadosamente recortei a fotografia antes de entregá-la.

A intriga do filme *Tudo sobre minha mãe*, de Almodóvar, repousa na história de uma fotografia rasgada pela metade, pois dela fora suprimido o pai. O filho quer conhecer a parte que falta. Ele quer recuperar o que entendeu que provoca vergonha em sua mãe, e que ela tenta dissimular: um passado que ela busca apagar. Mas esse apagamento sistemático — a mãe tinha cortado todas as fotos — dá antes um destaque particular ao passado e provoca em seu filho o desejo de saber. Aqui também é a morte — aquela do adolescente, isto é, com a ordem das idades invertida — que aciona, na mãe, o processo de busca de seu passado, justamente aquele que ela buscou recalcar e com o qual se sentia tão pouco à vontade e do qual esperava que seu filho ficasse distante.

Em todo caso, a foto desempenha aí um papel central. A mãe quis romper com seu passado ao rasgar a foto. Ela estava decidida a que seu filho o ignorasse. O filho tem uma ideia fixa na cabeça: que ela lhe diga de uma vez por todas o que tanto quer calar. A força da «família», como lugar e norma da verdade sobre si e da verdade de si (como dispositivo de poder que funciona segundo a «vontade de saber», teria dito Foucault), opera até mesmo quando se espera que ela seja mais fortemente contrariada. Vemos a que ponto é difícil opor, como se fossem duas lógicas radicalmente antagônicas, a «norma» à «subversão», tão grande é seu imbricamento. Entre as questões levantadas por *Retorno a Reims*, havia esta que, no fundo, sustentava todo o livro, como seu projeto próprio: por que voltamos àquilo de que tanto quisemos fugir? Qual é a força de atração da família, que misteriosamente parece se inscrever no inconsciente daqueles e daquelas que creem não ter, ou que desejam não ter, mais nenhuma ligação com ela? John Edgar Wideman tem razão ao destacar em seu livro *Acaso sou o guarda de meu irmão?* o fato de que, em relação ao círculo familiar, nós temos uma «carteirinha de membro» permanente. Mas qual seria a natureza dessa carteirinha, sem data de validade nem de expiração? E qual é a natureza dessa entidade da qual, em certa medida, continuamos a fazer parte mesmo quando a abandonamos depois de tanto tempo? Na realidade, a força da família, como «corpo», conforme designação de Pierre Bourdieu,[4] vem sempre contrapor-se àquela da família como «campo», ou seja, a «família como fusão» continua

---

4.   Pierre Bourdieu, «La famille: une catégorie réalisée», *Actes de la recherche en sciences sociales*, n. 100, 1993, pp. 32-6.

sempre, ou pelo menos com alguma frequência, a se insinuar nos processos da «família como fissão». O que desfaz a família — especialmente as trajetórias divergentes de irmãos e irmãs, seus modos de vida diferentes, seus interesses opostos etc. — é raramente forte o bastante para enfrentar tudo aquilo que a faz e a refaz constantemente, como a lógica afetiva, o sentimento de culpa, o respeito a certas obrigações sociais, os apelos à ordem permanentes emitidos por todos os dispositivos sociais (as cerimônias e as festas) e estatais (estado civil).

O grande filme de Almodóvar mostra a que ponto as fotos são importantes em nossa vida. Para o melhor, já que elas nos permitem, por exemplo, continuar a ver as feições daqueles que perdemos, e para o pior, pois insistem em inscrever a marca indelével do que fomos naquilo que somos e que, talvez, não gostaríamos mais de ser. Aquilo de que gostaríamos de nos desprender volta a se apresentar a nós, à nossa revelia. Nesse caso, sim, é infernal, trata-se do passado e, consequentemente, dos outros que o constituem e que a partir desse passado nos impõem um ser social, uma identidade fixa. Uma foto parece ser ao mesmo tempo uma marca, um vestígio, mas também um operador e um instaurador de certa ideia da família que trazemos sempre em nós: aquilo a que os vínculos familiares — qualquer que seja sua natureza

— tendem sempre, quer queira quer não, a nos reconduzir. É uma coerção social que pesa sobre o desenvolvimento dos afetos, com os sobressaltos e os remorsos que acompanham necessariamente toda transformação de si. Então, sim, muitas vezes temos vontade de jogar fora as fotografias, ou recortá-las. Quem nunca se sentiu tentado a fazer isso?

Minha mãe me deu uma foto inteira. Eu a mutilei. O passado, eu o conhecia! Eu queria apagá-lo. Nada sobre meu pai! Porém, de certa maneira, o resultado é o mesmo. Ainda é possível discernir, próximo à margem da foto, um pedaço da camisa xadrez que ele usava naquele dia. Isso atrai o olhar, como atrairia um detalhe bizarro em um quadro arruinado, e confere um caráter de insistência à presença renegada daquele que tornei ausente. Talvez eu também tenha desejado, com este livro que agora apresento à leitura, *A sociedade como veredito*, partir em busca dessa parte que desapareceu da foto. Não que eu ignore o que figurava nela. Fui eu que a suprimi e que a joguei fora para que ninguém pudesse, jamais, pedi-la de volta. Apesar disso, eu queria saber mais e saber melhor. Menos para me conhecer ou conhecer meu pai, e mais para dar conta da ordem do mundo e das determinações sociais — e políticas — que seu funcionamento inscreve nos menores detalhes de nossa existência, da minha, da dele e da relação entre nós... Não seria meio tarde para isso? Meu pai já não está por aqui para me confiar as informações que antes me interessavam tão pouco e que hoje eu desejo tanto.

*

Proust disse muito bem: a morte dos outros traz a impossibilidade de obter uma resposta a perguntas que deveríamos ter feito, mas que não fizemos porque não pareciam tão urgentes na ocasião, e por isso as «adiávamos dia após dia». Agora, sabemos que para elas nunca haverá resposta, o que as torna obsessivas... É como se fizéssemos uma viagem de trem com um amigo, durante a qual enfim nos abriríamos com ele, fazendo essas perguntas que antes tínhamos negligenciado e, como única resposta, vinda da poltrona ao lado, recebêssemos um: «Caso encerrado!».[5]

Podemos restabelecer um diálogo com uma foto? Com as fotos? Sim, desde que saibamos de antemão que elas não nos responderão, que vão rebater com algo do tipo «Caso encerrado!». Mesmo sabendo disso, ainda

---

5. Marcel Proust, *La Prisonnière*. In: *À la recherche du temps perdu*. Paris: Gallimard, 1988, t. 3, p. 706 (Bibliothèque de la Pléiade).

assim podemos nos esforçar para tomá-las como um ponto de partida, como um ponto de ancoragem de uma interrogação sobre o passado social e histórico cuja carga ainda pesa sobre nossos ombros.

Proust quer nos persuadir de que, quando vemos uma foto antiga, nosso distanciamento temporal é capaz de desfazer, de tornar indistintas as identidades de classe das pessoas retratadas. Quando fica sabendo que o homem idoso com quem ele acabara de cruzar na rua, e que considerou ser um pequeno-burguês de Combray, era na verdade o duque de Bouillon, o narrador de *Em busca do tempo perdido* se detém um instante nessa «semelhança da aparência» entre duas pessoas de *status* sociais diferentes, mas de idade idêntica e muito avançada. Isso o fez lembrar-se, eu o cito: «De algo que já tinha chamado a minha atenção e me impressionado quando vi o avô materno de Saint-Loup, o duque de La Rochefoucauld, em um daguerreótipo no qual ele estava exatamente idêntico, com as mesmas roupas, com o mesmo ar e maneiras de meu tio-avô». Isto é:

As diferenças sociais, até mesmo individuais, se fundem quando as observamos à distância na uniformidade de uma época. A verdade é que a semelhança das roupas e também certa reverberação do espírito da época que se encontra marcado no rosto de uma pessoa desempenham um papel muito mais importante do que sua casta, que tem grande importância apenas ao amor-próprio do interessado e à imaginação dos outros...[6]

Essa impressão do escritor, no entanto, é enganosa. Ela só tem valor quando se comparam aristocratas e burgueses, ambos membros das classes abastadas. Se tivesse sido estampado, em outro daguerreótipo, um operário ou um trabalhador rural, obviamente suas roupas não seriam as mesmas, e o «espírito da época» não «reverberaria» em seus rostos a ponto de esquecermos sua condição, sua profissão e mesmo confundi-los com o patrão da fábrica ou o proprietário das terras onde eles trabalham. Aliás, *Em busca do tempo perdido* desmente, volume após volume, essa homogeneização social das pessoas reais no passar do tempo. Proust insiste permanentemente na transmissão hereditária dos atributos e dos traços físicos e psíquicos que definem o pertencimento a um determinado meio. É verdade que não é em termos sociais que ele apresenta sua teoria, mas em termos fisiológicos: a herança biológica é transmitida de pais para filhos e faz

---

6.   Id., *Sodome et Gomorrhe II*. In: *À la recherche du temps perdu*, op. cit., t. 3, p. 81.

surgir progressivamente nos segundos uma semelhança quase absoluta em relação aos primeiros. Isso transparece, por exemplo, na ideia — afirmada de maneira tão potente, e tão constantemente reafirmada em sua obra — de que as crianças assumem a fisionomia e o caráter de seus pais, a ponto de substituí-los depois de sua morte. Mas, a rigor, isso só me parece poder se aplicar na lógica de uma continuidade social entre as mães e as filhas, os pais e os filhos. Uma das passagens célebres de *Em busca do tempo perdido* é aquela em que o narrador descreve o quanto, após a morte de sua avó, ele a vê viver novamente nos gestos, nas atitudes, no próprio ser da mãe dele: «Desde que a vi entrar com o casaco de crepe que tinha sido de minha avó, percebi — o que tinha me escapado em Paris — que já não era mais a minha mãe que estava diante de mim, mas sim a minha avó». Proust, então, desenvolve uma teoria da perpetuação do passado no presente por meio da reprodução, pelas filhas, do que tinham sido suas mães e, pelos filhos, do que tinham sido seus pais:

Como nas famílias reais e ducais, com a morte do pai, o filho assume seu título de duque de Orléans, de príncipe de Tarente ou de príncipe de Laumes, ele se torna rei da França, duque da Trémoïlle, duque de Guermantes, assim, por meio de um advento de outra ordem diversa, e de origem muito antiga, o morto apossa-se do vivo, que se torna seu sucessor semelhante, o continuador de sua vida interrompida.[7]

Seria preciso citar a página inteira em que Proust trata disso, sobretudo as observações sobre o papel que os acontecimentos de «grande sofrimento» têm na metamorfose que então se produz — rompendo a «crisálida» —, e que desemboca no «surgimento de um ser que trazemos dentro, e que, sem essa crise, responsável por queimar etapas e pular de chofre uma série de períodos, não teria ocorrido senão muito lentamente». É então como se o luto nos levasse a deixar desabrochar e exprimir em nosso rosto «similaridades que teríamos potencialmente» e por meio das quais se organiza um fenômeno de sucessão histórica sustentado sobre um atavismo biológico original e arcaico. A temporalidade parece ser abolida, ou melhor, reduzida a algo como uma repetição cíclica do mesmo, o que não exclui, evidentemente, certas variações sobre as quais o narrador não deixará de insistir quando se tratar de seu próprio caso. Aliás, é muito impactante constatar a que ponto essa ideia da quase reencarnação da mãe (a avó do narrador) no corpo e na alma de sua filha (a mãe dele),

7.   Ibid., pp. 166-7.

ou melhor, a da eclosão, à vista de todos, do que sua mãe já era, em potência, e que no entanto ela somente poderia vir a ser de fato depois da morte daquela cuja sobrevivência, a partir de então, ela teria a função de assegurar, atribui a cada indivíduo particular o papel de um elo em uma longa cadeia do ser e da herança, da genética e da história. Essa lógica é mais antiga e mais fundamental ainda, diz Proust, do que aquela que rege o princípio dinástico — e pensamos aqui nas análises de Ernst Kantorowicz sobre os «dois corpos do rei», o corpo terrestre, destinado a desaparecer, e o corpo político, destinado a perdurar: «O rei está morto, longa vida ao rei!». Em Proust, no fundo, os dois corpos não são senão um único, o corpo da biologia e aquele da genealogia, o corpo mortal e o corpo imortal, que se confundem e se perpetuam juntos.

Essa concepção da imutabilidade do mundo está estreitamente correlacionada, ao menos nessa página de sua obra, a uma visão muito rígida da divisão sexual do trabalho e das funções sociais, que conduzem a filha a reencarnar a mãe e a substituí-la, e o filho a substituir o pai. No caso da mãe do narrador, o que ela recebe do próprio pai (o «bom senso», a «alegria brincalhona») se apaga em benefício do que herda da mãe, que tende então a ocupar todo o espaço. Ao reencarnar sua mãe, ela se torna sua mãe, unicamente. Porém parece que o que Proust descreve tão bem deve ser entendido segundo uma chave de leitura diferente daquela que ele nos propõe: são as disposições sociais e as disposições sexuais que moldam os corpos, inclusive em seus menores gestos. No fundo, o que impressiona o narrador é a que ponto as disposições incorporadas, e que se tornam quase naturais, são herdadas tanto quanto os títulos e os bens. Um pouco mais adiante no texto, essa insistência sobre a diferenciação sexuada na transmissão biológica tende a se atenuar, visto que o narrador toma consciência de que ele se parece com seus «pais» («Era natural que eu fosse tal como meus pais tinham sido»),[8] pelo que é preciso entender que ele se refere agora não apenas à semelhança com seu pai, mas também com sua mãe, com sua avó, e até mesmo com sua tia Léonie... Ele não reencarna somente o pai. Ele «conserva» traços dos dois troncos familiares, e, por vezes, de uma maneira que pode parecer indireta (como de sua tia-avó). De qualquer modo, diz que é uma verdadeira lei de sucessão familiar que se impõe «pouco a pouco» sobre ele, ou melhor, dentro dele, e que rege seus gestos e suas palavras, tudo o que ele chama de suas «expressões carnais». Seu corpo reage espontaneamente como aquele dos membros de sua família. É como

8.   Id., *La Prisonnière*, op. cit., p. 615.

se devêssemos «receber, com hora marcada, todos os nossos parentes que vêm de longe e que se reúnem em torno de nós».[9]

De todo modo, há aí a afirmação de uma ideia, ainda que de forma implícita (ao menos no texto que estou comentando aqui), mas nem por isso menos rigorosa, relativa à herança social e à reprodução da divisão da sociedade em classes: é somente no interior de um mesmo meio que o fenômeno ao qual Proust alude pode se dar. Isso porque, como cada meio busca de todas as formas se manter tal como é, tem-se a impressão de que a perpetuação dos *habitus* de classe de uma geração a outra resultaria de uma lei biológica ou fisiológica. Isso porque, como cada classe ou segmento de classe — e dentro de cada classe ou segmento de classe, cada sexo — tende a perseverar no seu ser, segundo uma lógica social proveniente tanto do inconsciente histórico quanto da consciência de si e da vontade, e isso apesar das transformações que podem afetá-los, a inércia parece prevalecer sobre a mudança, a repetição sobre a evolução ou a diferenciação, e aquele que morre parece «se apoderar do vivo», e, de fato, se apodera. É a história incorporada — e, portanto, a história familiar como história social e como reprodução

9.   Ibid., pp. 586-7.

da posição que ela ocupa no espaço das classes — que define o que são e vão ser os indivíduos, que molda suas «expressões carnais», ou, se preferirmos, seu *habitus*, sua *hexis*, seu *ethos*... Por isso essa sensação de certa intemporalidade, ou antes, de uma duplicação do mesmo ao longo da sucessão temporal.

Porém, quando não nutrimos particular admiração por aquele ou aquela que acaba de partir, ou quando nossa trajetória social nos afastou dele ou dela, ou quando nos esforçamos muito para não nos assemelharmos a ele ou a ela, ainda assim nos tornaríamos o que eles foram? E, se aquele que morreu não se apoderar do vivo, nesse sentido radical que Proust atribuiu a essa fórmula, poderíamos pensar, apesar de tudo, que o que somos conserva a marca — tanto social quanto biológica — daquilo que foram aqueles que nos precederam, ou seja, da infância que passamos com eles, no meio que era o deles? O que acontece então com a força do «mimetismo», das «associações de reminiscências», com as quais o narrador de *Em busca do tempo perdido* tanto se impressiona, e que nos levam a falar como nossos pais, utilizando as mesmas expressões que eles ou, mais profundamente ainda, com as «misteriosas incrustações do poder genésico» que, a despeito de nós, nos ditam as mesmas «entonações», as mesmas «atitudes» daqueles de quem «proviemos».[10]

Obviamente, as semelhanças físicas existem. Quem de nós nunca constatou as similitudes entre a voz, o olhar, o sorriso, a postura corporal, a maneira de andar, um ou outro gesto etc. de alguém e seu pai ou sua mãe, ou mesmo seu avô ou sua avó? Toda iniciativa autobiográfica e até mesmo toda iniciativa autoanalítica são levadas, mais cedo ou mais tarde, a se perguntar sobre o atavismo das qualidades e dos defeitos, dos traços físicos e dos traços de caráter. Mas o que resta dessas semelhanças em um trânsfuga de classe, quando tantas diferenças se instalam e buscam se sobrepor a elas?

Não é justamente com os efeitos dolorosos da transmissão fisiológica que começa a obra *Ecce Homo* de Nietzsche? Ele é exatamente como seu pai era, é o que nos anuncia logo de início. E sua obra filosófica adotou como ponto de partida a fragilidade de saúde que lhe foi legada. Ele escreve a esse respeito: «Meu pai morreu aos 36 anos. Ele era frágil, delicado e mórbido, como um ser destinado a expirar. [...] Na mesma idade em que sua vida declinou, a minha também declina. No meu 36º aniversário, atingi a estiagem de minha vitalidade».

10. Ibid., p. 615.

Ele deve a seu pai, diz, todas as suas características, «salvo a vida e a aceitação da vida». Sua filosofia da afirmação e da saúde, ele a construiu então com e contra essa constituição frágil que lhe fora transmitida por seu genitor. Ele insistiu nessa ideia diversas vezes: «Eu não sou senão a réplica de meu pai e de certo modo a sua perpetuação após sua morte prematura».[11] De todo modo, a genética desempenha aos seus olhos um papel determinante para que ele compreenda, por si mesmo, quem é, e se esforce para sê-lo. Não é preciso aderir à perspectiva nietzschiana global para reconhecer a parte de verdade que contêm as páginas inaugurais de seu projeto autobiográfico: nós carregamos um patrimônio genético, que condiciona vários aspectos de nossa personalidade, não apenas relacionados à estatura, à cor dos cabelos e dos olhos, ou a um ou outro elemento «físico», que orienta a maneira como somos vistos pelos outros, portanto, em grande medida, como nós mesmos nos vemos. Sabemos qual dimensão essas «qualidades» físicas podem adquirir, independentemente de toda encenação de si na vida cotidiana, e mesmo que o corpo seja em grande medida constituído e marcado pelo pertencimento social,

11. Friedrich Nietzsche, «Porquoi je suis si sage». In: *Ecce Homo: Comment on devient ce que l'on est*. Paris: Flammarion, 1992, pp. 55-69.

e que o físico seja, frequentemente, integralmente, produto da sociedade — e da percepção social.

Apesar disso, essa continuidade inscrita no código genético de que nos fala Nietzsche não pode se efetivar plenamente sem uma continuidade social. Eu poderia acrescentar, ainda, sem uma continuidade «sexual». Ao ver as imagens de um programa de televisão recentemente postadas na internet, pensei que tinha, naquele momento, a mesma idade de meu pai na foto que recortei. Nada, nem mesmo um remoto «ar de família», permitiria supor que tivesse havido uma ligação entre os dois jovens adultos nessas duas imagens. Meu pai, na metade dos anos 1960, na parte ausente da foto em preto e branco, e eu no vídeo em cores vivas, do final dos anos 1980: um operário heterossexual e um intelectual gay.

O caso das famílias de imigrantes estudado por Abdelmalek Sayad oferece talvez um exemplo particularmente flagrante da dessemelhança que se instaura entre pais e filhos quando estes últimos mudam e aspiram a mudar, enquanto os primeiros continuam sendo e tendem a continuar sendo o que eram. É a escolarização, os estudos, que introduz essa ruptura entre aqueles e aquelas que passam a ter acesso à educação e aqueles ou aquelas que foram privados dessa possibilidade. Para estes últimos, não agrada muito que seus filhos, mas sobretudo suas filhas, se emancipem tanto da tradição que deveria, a seu ver, continuar orientando suas vidas. Quando isso ocorre, os filhos deixam de se parecer com seus pais e as filhas com suas mães e, de maneira global, as crianças com seus pais e avós. Assim, os pais acabam por ver em seus filhos «traidores» e «inimigos» que conspiram para a destruição da família por meio do esquecimento programado da identidade cultural de que ela é o esteio.[12]

O estabelecimento de uma relação diferente, divergente, com o sistema escolar, logo, com a cultura e com as profissões concebíveis, interrompe a reprodução idêntica por parte dos filhos do que foram e continuam sendo seus pais, e instala uma discordância profunda entre eles, a ponto de enfrentarem dificuldades para se compreender e para manter relações, especialmente as de afeto. Esse fenômeno se acentua quando os filhos começam a fazer parte de outros universos sociais, a frequentar pessoas que diferem em vários aspectos daquelas que constituíam o círculo familiar e a rede de conhecimentos em torno dele.

*

12. Abdelmalek Sayad, *L'Immigration ou les paradoxes de l'altérité*, tomo 2, *Les Enfants illégitimes*. Paris: Raisons d'agir, 2006.

Não foi porque temia que me achassem parecido com o que fora meu pai — seja como uma reencarnação biológica, seja como uma aproximação imposta pelo tempo que passou, como Proust nos convidou a ver — que destruí a foto. Ainda mais porque, fisicamente falando, guardo muito mais semelhanças com minha mãe — a cor dos cabelos, dos olhos, da pele — do que com meu pai. Mas, ao contrário, a razão para ter recortado meu pai da fotografia foi que eu não queria anular a dessemelhança tão fortemente marcada entre nós, graças à evolução pela qual eu tinha passado. Eu não queria que vissem de onde eu vinha, ao mostrar como ele era, como nós éramos antes da minha fuga e da minha transformação. Eu não queria abolir toda a distância social, portanto física, que tinha estabelecido entre mim e ele, arruinando assim os anos de trabalho sobre mim mesmo que me permitiram cavar esse fosso, essa distância, apagando, a cada passo, os traços do ontem deixados ao longo do caminho que me levou aonde cheguei. Eu não queria mostrar quem eu poderia ter sido e quem eu não quis ser. Fazendo isso, eu podia continuar satisfeito em pensar que, no meu caso, aquele que morreu não se apoderou do vivo: meu pai não tinha me transmitido nenhuma herança, já que recusei tudo que ele poderia ter me transmitido.

Com exceção do nome, obviamente. E isso já é muito. Um sobrenome, um nome em um documento de identidade. Esse nome me liga às minhas amarras genealógicas e àquela foto recortada: é o nome que me foi dado por aquele que suprimi da foto. Eu quis fazer desaparecer esse personagem de minha vida. No entanto, ele sobrevive em meu patronímico que, bem ou mal, me liga a minha família, e particularmente a meus irmãos. (Um dia, quando eu participava de um colóquio em uma cidade do sul da França onde um deles morava — o que trabalhava em uma oficina mecânica —, um funcionário do hotel em que eu estava hospedado me perguntou gentilmente: «Você é parente do...?». Respondi sem hesitar: «Não, não sou». Eu sei quanta violência em relação a meu irmão está contida no simples fato de eu contar esse episódio.) O nome, essa evidência de estado civil, me leva a reconhecer, a admitir, que o que sou hoje se assenta no que fui ontem, que, por sua vez, se assenta no que fui antes disso: quando eu era um estudante, um jovem estudante angustiado com seu presente e com seu futuro — seria em função de seu «lugar» social? Ou de seu «desvio» sexual? Ou do conflito entre os dois? Quando eu era um garoto, uma criança em um mundo de trabalhadores pobres, acompanhando sua mãe nas casas em que ela trabalhava como faxineira. Também, quem sou hoje se assenta no que eu estava destinado a ser mesmo antes de nascer, tendo em vista quem eram minha mãe e meu pai. Dessa maneira, ele — e o que a foto mostrava dele — vive ainda em mim e me constitui muito mais profundamente do que eu gostaria de admitir. Não me pareço com ele? Ah, não. De modo algum! Mas isso não impede que aquele que morreu tenha se apoderado do que vive, já que meu passado, logo, o passado dele, continua a agir em meu presente. A prova? Se, movido por uma estranha e irrepreensível pulsão, fui levado a apagar sua imagem daquela foto, é porque, querendo ou não, ela ainda é muito presente e atuante em mim, bem como repleta de significações pessoais e sociais, justamente aquelas de que eu desejei tanto me desembaraçar e que, no entanto, me perseguem.

Assim, toda minha carreira profissional, que talvez muitos queiram ver como sinal de «mobilidade social», dependeu de minha trajetória escolar, e por isso eu disse muitas vezes que *Retorno a Reims* era um livro sobre o sistema escolar: sobre as classes sociais e, portanto, sobre o sistema escolar. O papel desse percurso escolar que determinou inteiramente minha vida até hoje somente pode ser compreendido se eu o conectar ao meio social de onde vim. Para a pergunta «O que resta de meu pai em mim?», uma das respostas possíveis seria: «Tudo». Sendo que durante muitos anos eu me dediquei «à construção de mim mesmo» — esse *self-fashioning* caro a Michel Foucault, depois de ter sido tão caro a Oscar Wilde — para garantir que a resposta mais óbvia a essa pergunta fosse: «Nada. Absolutamente nada». Se a homossexualidade produziu um desvio nesse destino que me havia sido traçado, a trajetória ascendente que ela me permitiu, ou que ela tornou possível, continuou em grande medida definida por aquilo que foi o ponto de partida.

*

É possível escrever um livro sobre a vergonha e não conseguir se livrar dela. Trata-se de um sentimento complexo. A vergonha é um emaranhado de afetos, cuja trama é difícil de desembaraçar e desfazer. Desse emaranhado, sempre subsiste algo, até mesmo no próprio esforço para desintegrar a realidade *hontológica* do mundo social. O gesto estranho e lamentável de ter recortado aquela foto, e a pulsão que o motivou — o desejo de apagar qualquer imagem visível de minhas origens, e isso justamente no exato momento em que eu acabara de dedicar uma obra inteira a elas, obra sobre a qual eu era convidado a falar na televisão, no rádio, nas feiras do livro, em debates e encontros, em conferências e seminários — provam, como se fosse preciso, que não basta tomar consciência da violência que a ordem social exerce sobre os indivíduos, nem basta descrevê-la, analisá-la em detalhe, para deixar de estar sujeito a ela, submetido a sua força. Infelizmente, a sujeição perdura, e com ela a submissão, pois a consciência da violência de que fomos vítimas não anula a força que a sustenta e graças à qual ela se perpetua no mundo exterior e no mundo interior. Afinal, o mundo interior não é outra coisa senão o produto, inscrito em nós, sedimentado camada a camada, resultante de nosso longo convívio com o mundo exterior. O que é o psiquismo, senão a interiorização do mundo social externo e de todas as formas de hierarquias e de dominações que ele não apenas contém como também organiza?

O mais surpreendente é descobrir que o inconsciente e talvez a própria consciência — se é que se pode de fato distingui-los — encontram dificuldades para envelhecer. Sou bem mais velho do que meu pai era quando foi tirada aquela foto. No entanto, a relação que estabeleço com ele continua sendo aquela da sucessão das gerações: continuamos envelhecendo juntos, ainda que ele tenha falecido há vários anos. A diferença entre nós perdura, e com ela os sentimentos que vivenciei a esse respeito. No fundo, a idade é um «irrealizável», no sentido sartriano do termo. Nunca coincidimos com ela. É por meio do olhar dos outros ou de certas situações civis, profissionais e administrativas que se impõe a nós a evidência de uma realidade que nem sempre sentimos como nossa própria verdade.[13] Podem-se conservar, mesmo já tendo mais de cinquenta anos (em breve sessenta!), as mesmas emoções, a mesma relação consigo mesmo, com os outros, com o mundo, que tínhamos aos vinte ou 25 anos de idade. Ao reler o romance *Ao farol*, de Virginia Woolf, em seu livro *A dominação masculina* Pierre Bourdieu se detém na verdadeira regressão à infância, ou talvez, antes, na permanência no estado infantil que alguns comportamentos estranhos do personagem do pai de família manifestam, e nos levam a nos perguntar se, afinal de contas, um homem não é também uma criança que brinca de ser homem, ou seja, alguém que a todo instante se esforça de maneira «desesperada e de forma patética em sua inconsciência triunfante» para estar «à altura de sua ideia infantil de homem».[14] No fundo, ninguém parece coincidir realmente com sua própria idade, e cada um de nós continua sendo, em alguma medida, a criança ou o adolescente que foi um dia, e que volta a ser sempre que está sozinho,

---

13. Simone de Beauvoir aplica a noção de «irrealizável» à «idade» em seu livro *La Cérémonie des adieux* [*A cerimônia do adeus*], publicado em novembro de 1981 pela editora Gallimard, aproximadamente um ano depois da morte de Sartre.

14. Pierre Bourdieu, *La Domination masculine*. Paris: Seuil, 1998, p. 82.

ou quando pensa estar sozinho, em um espaço privado ou semiprivado. Sim, que a idade seja da ordem de um «irrealizável», isso é inegavelmente verdadeiro para todos! Mas ainda mais no caso daqueles que se encontram em um estado de anomia ou de distanciamento, mais ou menos marcados, em relação aos jogos sérios do mundo social. Isso provoca muitos mal-entendidos em situações da vida cotidiana, por exemplo, quando não se corresponde ao que os outros esperam de alguém que tem certa idade ou certa posição ou quando então eles nos veem de uma maneira que não corresponde àquela como nos vemos e a partir da qual nos imaginamos.

Em uma bela passagem de seu livro sobre Leonardo da Vinci — que é, aliás, um daqueles livros cuja interpretação extravagante é levada ao seu auge —, Freud observa que os «grandes homens», ou pelo menos os artistas, «conservam necessariamente algo de infantil» em sua vida de adultos, desconcertando e às vezes inquietando seus contemporâneos devido a comportamentos estranhos e inadequados.[15] Não é de modo algum inócuo o fato de essa ideia ter sido formulada em um texto que busca

15. Sigmund Freud, *Un souvenir d'enfance de Léonard de Vinci*. Paris: Gallimard, 1987, p. 163.

fazer o retrato psicobiográfico de um pintor descrito como «homossexual».

Assim, essa ideia de que os artistas conservam «necessariamente», na idade adulta, «algo de infantil», e que sua personalidade se define por um tipo de inadaptação fundamental, quintessencial, à sua idade e à sua posição, é rica de lições e de perspectivas, desde que se possa reformulá-la em termos não psicológicos para lhe conferir uma significação mais fundamentada na realidade. O que Freud atribui então aos «artistas» me parece poder ser aplicado igualmente a muitos «homossexuais» de ontem e de hoje, ou ao menos àqueles que não tiveram filhos e que podem, por isso, se comportar ou nutrir a fantasia de serem eternamente jovens, na medida em que não tiveram de carregar o peso das responsabilidades implicadas na condição de ser pai ou mãe e nas transformações sucessivas da idade social que essa condição traz consigo, inclusive a de virem a ser avós, quando os filhos atingem a idade de se tornar, por sua vez, pais e mães. Não há dúvida de que a heterossexualidade constitui um fator de envelhecimento social. E eu poderia dizer que, com a mesma idade biológica, um heterossexual e um gay não têm a mesma idade social nem a mesma idade psicológica. Acredito que um gay tem sempre maior dificuldade em coincidir consigo mesmo, com sua identidade social, logo, em administrar sua relação com os outros, já que a distância — em relação a si mesmo, aos outros, ao mundo social e suas instituições — é praticamente constitutiva de sua subjetividade. Tornar-se pai ou mãe é envelhecer, é circunscrever o presente e o futuro. É possível pensar que o aumento das famílias homoparentais, e o reconhecimento jurídico de que se beneficiam hoje em dia em vários países, pode contribuir para o apagamento dessas diferenças na subjetivação e na relação consigo e com o mundo, mesmo que essa mudança, obviamente, vá concernir apenas a uma parte dos gays e das lésbicas.

A distância constitutiva que uma sexualidade «desviante» representa em relação à norma, à normalidade, às formas instituídas da vida cotidiana, produz, portanto, um desajustamento relativamente grande, obviamente dependendo dos indivíduos, se comparado aos processos de uma inscrição harmoniosa no mundo familiar, social e profissional. Isso é verdade também, ainda que em outro nível, para todos aqueles que se encontram numa «saia justa» em função de seu *habitus* cindido ligado a uma trajetória social ascendente. Para um indivíduo, o fato de ocupar certa posição, certo lugar, certo *status* que não eram óbvios, porque não haviam sido desde sempre destinados, admitidos ou preparados para eles, produz um efeito muito característico de distância desse papel, bem como uma forma bem peculiar de espírito crítico, cuja expressão se traduz em comportamentos desconcertantes aos olhos dos outros ocupantes das mesmas funções. Contrariamente ao que se poderia imaginar, sem dúvida é bem mais complicado não coincidir com o que se é — profissionalmente, socialmente etc. — do que corresponder perfeitamente a isso. É como se alguma coisa de outro passado perdurasse na situação presente, tornando-a instável e, às vezes, insustentável. Isso faz com que fiquemos deslocados, em todos os sentidos do termo.

Os mesmos processos explicam por que, tal como perduram os sonhos adolescentes ou a percepção adolescente de si, também os afetos sociais — como o trauma da vergonha, seja ela social ou sexual — guardam sua vivacidade por muito tempo depois do período em que foram formados, quando já perderam toda razão de ser e toda significação. Mesmo que trabalhemos conscientemente para desconstruir e abolir a força desses afetos sociais, eles parecem constantemente reanimados por uma lei de conservação da energia psicossocial, que torna lento o seu apaziguamento, e ainda mais lenta a sua extinção.

*

A edição de bolso de *Retorno a Reims* seria publicada em breve, com essa imagem antiga de mim mesmo na capa, imagem que tanto mente quanto afirma, que esconde na mesma medida em que representa. Mas, afinal, o que eu teria a esconder, uma vez que já tinha dito tudo?

2. O eu e suas sombras

Uma vez que já tinha dito tudo? Será mesmo? Eu não tinha justamente suprimido um longo parágrafo, no último minuto — com o pretexto de uma dificuldade de construção de um capítulo —, em que eu contava um episódio que mostrava claramente com que força se impunha para mim o desejo de manter, contra tudo e contra todos, a distância que tinha se instaurado na minha vida entre o mundo operário e humilde do qual eu provinha e o mundo intelectual a que eu tinha chegado? Hoje, não compreendo por que não consegui encontrar, para essas vinte e poucas linhas, outro lugar no livro. Ou, pelo contrário, compreendo bastante bem: ali, tudo se urdia, tudo estava em jogo.

Muitas coisas que registrei em *Retorno a Reims* eu já tinha contado a Pierre Bourdieu em nossos encontros e nossas conversas telefônicas praticamente cotidianas, ao longo de vinte anos. Eu o conheci no final de 1979 e ele morreu em janeiro de 2002. Em 1991, quando pediu para eu ler a entrevista que ele tinha feito com dois jovens de um bairro de periferia, material que compunha uma vasta pesquisa que depois daria origem ao seu extraordinário livro *A miséria do mundo*, e da qual ele começara a publicar os resultados preliminares em sua revista, *Actes de la recherche en sciences sociales*, fiquei impressionado com a maneira complacente com que ele se referia a seus dois interlocutores. Chamou-me particularmente atenção a passagem em que os dois jovens entrevistados deram a entender que não hesitavam em usar certa violência física contra duas mulheres brancas de seu bairro, que eles julgavam ser racistas. Observei, então, que o que ele estava fazendo era produzir uma visão bem parcial da situação que ele queria descrever e analisar, já que não deu voz àquelas duas mulheres, nem a nenhuma das outras pessoas que muito provavelmente reclamavam do comportamento e dos atos daqueles dois homens que ele tinha entrevistado, e cujas importunações à vida dos residentes mais velhos não era difícil de imaginar.[16] Bourdieu me confiou então que isso talvez tivesse a ver com o fato de ele, por mais estranho que isso possa parecer, ter de algum modo se visto nesses jovens, quando tinha a idade deles. Em suas falas, ele ouviu o eco de sua juventude. Sei bem o que é isso. Essa empatia que eu reprovei era necessária para esse encontro com eles e, portanto, para o trabalho que ele pretendia fazer. Para poder restituir uma fala, é preciso que ela se exprima. Convém para isso criar uma situação e estabelecer todas as condições necessárias para uma troca o menos artificial possível.

O número da revista *Actes de la recherche* se intitulava «La souffrance» [O sofrimento], por isso destaquei a contradição entre o título daquela edição e o fato de os sofrimentos vividos por alguns dos moradores do lugar de seu interesse não serem ali levados em consideração. Ele explicou isso, ainda que brevemente, no próprio texto de apresentação dessa entrevista — aliás, texto muito belo e muito potente —, quando insiste sobre o «efeito de destino» resultante da obrigação de viver em lugares em que se é relegado socialmente, e também falou sobre a engrenagem que leva gradativamente do fracasso escolar,

16. Pierre Bourdieu, «L'ordre des choses. Entretien avec deux jeunes gens du nord de la France», *Actes de la recherche en sciences sociales*, n. 90, dez. 1991, pp. 7-19.

passando pela falta de oportunidade profissional — «a desvantagem da falta de diplomas e de qualificação que, por sua vez, está vinculada à falta de capital cultural, particularmente linguístico» —, até a semidelinquência e a praticamente inelutável afirmação violenta de si, como um meio para cada sujeito, submetido aos códigos coletivos, de se dotar de uma identidade social e de existir aos seus próprios olhos. Bourdieu insiste também na dificuldade que significa para essas pessoas, cujas histórias pessoais são muito heterogêneas, terem de coexistir nos mesmos espaços de miséria social — do que derivam inevitáveis «erros de alvo»: é o vizinho, portanto, o mais próximo socialmente, que se torna o inimigo, e não os responsáveis políticos, nem a divisão da sociedade em classes, entidades distantes e abstratas demais para parecerem reais. Isso explica em grande medida o fato de que, quando explodem os motins, é a escola frequentada por seus irmãos e irmãs, são os ônibus que circulam no bairro, os alvos dos que se revoltam, aquilo que será incendiado e destruído, por serem vistos como símbolos das instituições que eles odeiam, do Estado, dos poderosos, em vez de se voltarem contra — mas como, de que forma? — as instituições, o Estado, os poderosos...

Bourdieu retornará, em outra obra, a esse sentimento de proximidade por ele vivenciado naquela circunstância.

Em uma passagem de seu *Esboço de autoanálise*, ele se descreve como alguém que na adolescência vivia frequentado «por uma revolta tão grande que quase o levava a uma espécie de delinquência», explicando assim como conseguiu

> se comunicar, apesar das diferenças de toda ordem, e sem que a isso eu fosse forçado, esquecendo minha idade e minha condição — talvez até demais, inclusive a ponto de me ver aprovando condutas bastante repreensíveis —, com os dois jovens — que foram entendidos por mim imediatamente como indefesos, apesar das posturas aparentemente impenetráveis que diante de qualquer outro eles teriam sustentado.[17]

É possível, aliás, que a maneira como Bourdieu mais ou menos espontaneamente se «identificou» com eles

---

17. Pierre Bourdieu, *Esquisse pour une autoanalyse*. Paris: Raisons d'agir, 2004, pp. 123-4. É verdade que, uma vez inserido na obra *A miséria do mundo*, que contém outras entrevistas com os moradores desses conjuntos localizados em periferias, esse diálogo que tinha provocado em mim um verdadeiro mal-estar assume outro sentido, dado que já não se encontra isolado como estava naquela edição da revista, dois anos antes, na qual os demais artigos e entrevistas tratavam de outros universos sociais. No entanto, é preciso lembrar que Bourdieu, como qualquer um pode verificar, cortou as duas frases em que esses rapazes se vangloriavam da violência a que submeteram as duas moradoras «racistas» de seu bairro (cf. Bourdieu, «L'ordre des choses», op. cit., p. 16, e Id., *La Misère du monde*. Paris, Seuil, 1993, p. 96).

(essa palavra é muito forte, eu concordo; melhor dito: a empatia que ele fez questão de manifestar) e o repúdio epidérmico que eu senti ao ler o texto — repúdio também pouco «refletido»; afinal de contas, tratava-se de uma entrevista e era preciso obter e registrar as respostas às perguntas que deviam ser feitas, e para as quais era preciso encontrar a linguagem que permitisse formulá-las — tivessem a ver, nos dois casos, com a sexualidade e com a relação que ambos estabelecemos com a masculinidade. Ele reconhecia nos dois alguma coisa de sua juventude. Eu não. Muito pelo contrário! Eu poderia ter me tornado um adolescente revoltado, encrenqueiro e baderneiro. O mundo de onde vim me predispunha a isso e eu devia corresponder a suas expectativas tácitas ou expressadas sob a forma de diversos apelos à «ordem» quando não nos comportamos de acordo com ela (apelos como «você é uma bicha», «você é um viado» e outras frases bem mais vulgares, que vou me abster de mencionar). Mas a homossexualidade, sempre mencionada pelos outros como algo a repelir, como o que é absolutamente impensável tanto de ser quanto de parecer ser, me afastou muito rapidamente desses papéis que me esperavam e me convocavam. O jovem gay que fui, ou melhor, no qual me transmudava pouco a pouco, com temor e tremor, mas também antevendo outro futuro, teria com certeza se tornado — e por que não dizer que o foi efetivamente e várias vezes — uma das vítimas das brutalidades de que contavam vantagem os dois personagens do livro de Bourdieu. Eu me transformei, ao longo dessa evolução, em «*the scared gay kid*», o jovem gay apavorado do qual fala Allen Ginsberg em um de seus últimos poemas. De certa forma, ainda o sou. É difícil descrever esse duplo movimento: descobrimos que somos diferentes e tentamos organizar nossa vida e nos constituir a partir dessa diferença. Esse é um sentimento positivo e que se espera ser motivo de felicidade. Ao mesmo tempo, muito rapidamente adquirimos consciência de que essa identidade está fadada à vergonha, e que deverá ser vivida sob o signo do medo. Sentimento negativo, que arruína ou encobre o sentimento positivo de alegria, que somente poderá ser vivenciado de maneira intermitente. Na realidade, esse medo nunca me abandonou. Ele continua a me habitar e forma um dos elementos mais profundos e talvez mais constantes de minha personalidade. Eu controlo meus gestos e meu modo de falar quando estou no espaço público (no metrô, ao andar na rua à noite, em viagens...). Ser gay — e isso vale obviamente para outras «categorias» inferiorizadas, como ser lésbica, transgênero, negro, judeu etc. — é ser vulnerável, é estar sempre à mercê de um insulto ou de uma agressão. Mais do que isso, é ser definido, no mais profundo de si mesmo, por essa vulnerabilidade quase ontológica. Muitas vezes eu insisti no sentimento de vergonha que a ordem social ou a ordem sexual inscrevem no corpo dos desviantes ou das minorias, como uma das dimensões fundamentais de sua relação com o mundo e com os outros.[18] Convém acrescentar também o medo. Ele assalta a intervalos, com a intensidade de um sentimento de pânico intransponível, os indivíduos estigmatizados ou estigmatizáveis. Mas ele se exprime no mais das vezes sob a forma de uma surda inquietação que obriga a estar sempre alerta diante de um ambiente de que conhecemos e tememos a hostilidade inerente, sempre prestes a se manifestar. O insulto ou a agressão física potenciais podem, a todo instante, se consumar e se tornar palavras ou gestos bem concretos (e, assim, essas potencialidades exercem os seus efeitos antes mesmo de se consumarem, já que vivemos no temor permanente dessa consumação). É esse medo que leva aqueles cujo «estigma» não é necessariamente visível a tentar dissimulá-lo, já que, obviamente, o estigma visível torna o risco onipresente e o medo ainda mais consubstancial à própria existência (razão pela qual esse sentimento foi descrito com uma força particular por escritores negros, tais como Richard Wright, Zora Neale

18. Didier Eribon, *Une morale du minoritaire. Variations sur un thème de Jean Genet.* Paris: Fayard, 2001.

Hurston, James Baldwin, Toni Morrison e tantos outros). Se é possível, até certo ponto, superar a vergonha, convertendo — coletivamente — o estigma em motivo de orgulho e contestando as hierarquias sociais, sexuais ou raciais e as normas subjugadoras, valendo-nos para isso de *slogans* como «Black is beautiful» e «Gay Pride», o medo é muito mais difícil de superar. O medo se torna, assim, a própria estrutura do Ser-no-mundo para aqueles que o vivenciam de forma mais ou menos brutal, dependendo das circunstâncias. É nisso que reside a desigualdade intransponível entre, de um lado, aqueles que são vítimas ou sabem que podem vir a ser vítimas de violência e, de outro, aqueles que a infligem, a instituem e a perpetuam ou, até mesmo, aqueles que simplesmente não a percebem, não a imaginam, minimizando assim seu alcance e força, já que se encontram no «lado bom» e não correm, portanto, nenhum risco.

Em seu retrato da sociedade americana dos anos 1960, Jean Genet exprimiu de forma extremamente contundente o que um medo do passado é capaz de produzir nos indivíduos em seu presente, ao mencionar, em relação aos militantes do movimento negro, aos quais ele tinha se unido, seu «psiquismo eivado de fobias». A seu ver, «eles conservam um emaranhado de obsessões», ligadas à memória da opressão e ao «terror» que esta gravou em seus espíritos.[19]

O pavor é algo antigo, e nós somos suficientemente experientes nesse assunto. Cada um de nós, a seu modo, redescobre o medo que tantos outros antes conheceram, esse medo vivido por todos aqueles que nos precederam nessa genealogia do racismo e do ostracismo. Muito cedo percebi que ser identificado como gay, especialmente em um bairro onde adolescentes constroem sua identidade masculina baseada no ódio à homossexualidade, é estar exposto a reiterados insultos e agressões, é ser motivo de piadas frequentes, umas mais pesadas que outras. A tal ponto que o simples fato de sair ou de voltar para casa pode ser algo vivido como um constante pesadelo. Com certeza, esse pavor fundamental não é muito diferente daquele que vivem as mulheres à noite, na rua ou no transporte público, onde elas têm de ficar o tempo todo atentas e vigilantes a tudo que se passa ao seu redor, visto que a «fobia», para retomar o termo de Genet, da agressão sexual e do estupro, cuja ameaça está sempre presente, comanda sua relação com o espaço público. Assim, a relação que se estabelece com o exterior, com a rua, não é a mesma se você é branco ou negro, homem ou mulher,

19.   Jean Genet, *Un captif amoureux*. Paris: Gallimard, 1986, pp. 68-9.

heterossexual ou gay etc. É isso que deve levar em consideração, em primeiro lugar, a análise das interações entre indivíduos em um dado momento. Cada encontro entre duas pessoas contém toda a história das estruturas sociais, das hierarquias estabelecidas e dos modos de dominação que essas estruturas e hierarquias instituem... O presente de cada um de nós depende em grande medida de um passado impessoal que, por sua vez, depende de um passado coletivo e impessoal: aquele da ordem social e das violências que ela contém. O exemplo dado por Genet é muito preciso e perturbador: um branco, ao olhar para uma árvore, verá seus galhos, suas folhas, os ninhos de pássaros que ela abriga; um negro verá um lugar de tortura, uma corda pendurada para enforcamento e as mortes atrozes que foram ali perpetradas. Tudo que se passa hoje na vida de um negro americano se inscreve em pelo menos três séculos de história. Consequentemente, isso é verdade também para a vida cotidiana de um branco americano que, mesmo não sendo pessoalmente culpado por isso, mesmo se dizendo antirracista, pertence, ao menos em termos relacionais e aos olhos de seu Outro, à mesma história e à mesma estrutura de oposição e de opressão que caracteriza essa história. E isso é verdade — *mutatis mutandis*, obviamente — para toda e qualquer interação, que é sempre o encontro de duas ou de várias histórias incorporadas, de «psiquismos» nos quais as antigas e sempre atuais «fobias» ou, em todo caso, os antigos e sempre atuais afetos sociais estão gravados. Assim, analisar uma interação é dar conta dessas histórias que se cruzam umas com as outras e da maneira como elas se cruzam e se reativam no instante presente. Nunca será demais insistir no quanto é preciso de perspectiva histórica, análise sociológica e reflexão teórica para poder compreender, em um momento dado, as palavras, os olhares, os gestos, os sentimentos, as emoções, e também as relações entre indivíduos envolvidos em uma interação, ainda que esta seja distante e involuntária! A temporalidade é sempre o que nasce no entrechoque de passados heterogêneos.

Tudo isso que acabo de comentar foi para dizer que as lembranças de sua juventude turbulenta tinham conduzido Bourdieu a experimentar um sentimento de proximidade espontânea e pré-reflexiva com aqueles dois rapazes. É sua história, pessoal e portanto social, que entrava em ressonância com o presente que ele pretendia descrever, e também com toda a história da qual esse presente social e político resultava. Minhas lembranças, por outro lado, me levavam a uma reação inversa. Experimentei uma desconfiança imediata, e temerosa, em relação aos rapazes e ao que eles diziam, acompanhada de certa solidariedade — ainda que problemática, obviamente, difícil de admitir e mais ainda de formular em palavras — com aqueles e aquelas cuja vida cotidiana devia ser um inferno em função das provocações daqueles dois jovens machistas da periferia. No fundo — hesito um pouco em dizer nesses termos, mas como fazer uma «autoanálise» se recuarmos diante de verdades inconvenientes? —, Bourdieu buscava «compreender» aqueles dois rapazes reféns dos determinismos e dominados pelos papéis, atitudes e «personagens» que lhes eram impostos. De minha parte, eu me sentia mais impelido a «compreender» — numa espécie de identificação posicional às avessas — as duas mulheres amedrontadas e levadas ao racismo, ou a uma formulação em termos racistas do sentimento de mal-estar suscitado pelas condições de existência das quais elas não tinham meios para escapar. Tanto eles quanto elas se encontravam presos nos mecanismos que tinham fabricado aquela situação na qual se viam obrigados a coabitar. Eles eram, em conjunto, os produtos, não apenas da história geral das classes populares, da dominação masculina, da imigração, do abandono social e urbano, mas também da realidade de um setor do mundo social construído pelas políticas públicas de urbanismo e de moradia, que deram origem a esses guetos nos quais se desenvolveram todos os sintomas do que podemos considerar patologias sociais (se o termo tem um sentido, é exatamente nesse contexto, e não quando surgem as revoltas contra esse estado de coisas) provocadas e agravadas pelo desemprego e pela precariedade. O que a reflexão sobre as coerções e limitações sociais incorporadas evidencia? A terrível lei dos determinismos sociais que atribuem lugares e prescrevem a uns e outros o que eles vão fazer, o que vão dizer, o que vão ser. No fundo, não seria falso afirmar que os «motins nas periferias» e o «voto na extrema direita» são as duas faces de uma mesma moeda, as duas consequências de um mesmo conjunto de fenômenos, os efeitos extremos, os polos opostos, mas vinculados, de uma mesma situação, vivida diferencialmente na tensão do dia a dia pelos protagonistas desse drama econômico, social e político promovido e realizado há tantos anos por governos e pelos especialistas tecnocratas que os aconselham.

*

Fato é que na ocasião eu comentei com Bourdieu o quanto meus pais tinham experienciado, como se fosse uma agressão permanente contra eles, os desmandos de grupos de adolescentes — filhos de imigrantes — moradores do bairro onde eles viviam, e a que ponto essa percepção tinha exacerbado sentimentos de ódio, especialmente racistas, que preexistiam neles, até onde consigo me lembrar. Eles se sentiam cercados, assediados. Minha mãe, se tivesse vivido sozinha, poderia muito bem ter se encontrado na mesma situação das moradoras do conjunto habitacional no distrito de Lille, de que trata o diálogo intitulado *L'ordre des choses* [A ordem das coisas]. Título que minha mãe com certeza teria julgado incongruente, já que para ela a ordem antiga e quase natural das coisas estava se desfazendo sob seus olhos e à sua custa. Naquela época, nas conversas com Bourdieu, eu lhe relatava algumas das frases que minha mãe dizia, quase como uma ladainha, cada vez que eu falava com ela ao telefone. A exasperante e lancinante degradação do cenário e das condições de vida a que meus pais tinham aspirado durante tanto tempo — que lhes concedessem um apartamento iluminado e espaçoso em um bairro novo —, e que eles viam se desmoronar, dia após dia, como se os tivessem enganado, vendido sonhos que viravam pesadelo; o choque entre a esperança tão intensa, nos anos 1960, de ter acesso a certo conforto, a certos bens de consumo etc., e a realidade dos anos 1970, que não correspondia de modo algum ao projeto de deixar para trás aquilo que eles eram... tudo isso os levou, com o coração e o espírito saturados de amargura e ressentimento, até mesmo de cólera, a deixarem a cidade e a se instalarem naquilo que até então não passava de um vilarejo, mas que rapidamente era transformado pelas secretarias de habitação em zona de moradia periurbana, ao construírem loteamentos em ruas inteiras. Eles estavam convencidos de que ali, finalmente, teriam a paz com que tanto sonharam, já não sendo obrigados a viver no meio daqueles que eles chamavam primeiro de «árabes» (com todas as derivações injuriosas desse nome, como «*ratons*» [ratos], «*bicots*» [mouros], ou «*bougnoules*» [mulatos]), depois, na onda seguinte de imigração, de «*négros*» [pretos] ou «*bamboulas*» [crioulada], ou ainda, simplesmente, de «estrangeiros», e às vezes com aquela hostilidade nunca apaziguada e que voltava a cada conversa cotidiana, de «*racaille*» [a ralé], «*pouilleux*» [os sarnentos], os «*bons à rien*» [inúteis], com quem meus pais não suportavam ter de coabitar. Mais do que sua tranquilidade, era sua própria imagem que parecia estar em jogo, e o sentimento do que acreditavam ser sua dignidade: depois de terem trabalhado tanto e durante tanto tempo, recusavam-se a voltar a pertencer ao mundo dos pobres. Afinal, toda percepção de si mesmo é relacional. No entanto, essa «relacionalidade» pode ser vivida segundo diferentes registros e em diferentes níveis. Meus pais passaram a perceber sua posição no mundo social de maneira quase unidimensional, ou seja, quase unicamente em relação a seus novos vizinhos. Seu olhar político mudou. A partir de então, quando diziam «eles», não era mais para falar dos burgueses, dos ricos, dos patrões, dos políticos, de todos aqueles que os oprimiam, ignoravam, menosprezavam e aos quais era preciso se opor... mas sim dos magrebinos ou dos africanos, por terem «invadido» o seu espaço. Quando diziam «nós», não era mais para designar os «operários» ou as pessoas do povo, mas os «franceses», que deviam se defender contra essa «invasão», essa «colonização» ao contrário. O lugar de moradia, o bairro, já não era um espaço de solidariedades baseadas nas experiências e aspirações compartilhadas, mas um território atravessado por linhas de clivagem entre as diferentes frações das classes populares, com os franceses de um lado e os estrangeiros de outro, isto é, os ocupantes legítimos e os «invasores». «Fomos invadidos» e «Não nos sentimos mais em casa» são frases repetidas cem vezes por dia por aqueles de quem se pode dizer, consequentemente, que padeciam tão penosamente a miséria de posição quanto tinham padecido antes a miséria econômica e social, ou seja, a miséria propriamente dita, da qual tiveram tanta dificuldade para sair.

Essa nova situação lhes desagradava, a tal ponto que tão logo fosse possível se mudariam dali. Mas, já que a obra *A miséria do mundo* pretendia mostrar como o mundo social tem por característica fundamental produzir incontáveis percepções — concorrentes, até mesmo em confronto — de si e dos outros, e que a análise deve aspirar a reconstituir o conjunto desses pontos de vista que se chocam, se opõem, se afrontam em permanência (tentando, em cada caso, assumir o ponto de vista daqueles que se exprimem para poder assim integrá-los no espaço global, sem escolher entre aqueles que se gostaria de privilegiar e aqueles que se gostaria de depreciar), me parecia algo impensável, naquela pesquisa, não terem entrevistado também aqueles que sofriam com os comportamentos dos dois adolescentes, ou pós-adolescentes, que, no diálogo que Bourdieu acabava de publicar, pareciam ter sido eleitos como os objetos por excelência do olhar sociológico compreensivo. Sendo assim, corria-se o risco de assumir um viés político que conduzia a se situar mais do lado do jovem árabe, ou simplesmente dos «jovens» da periferia, do que das mulheres brancas, idosas e racistas, anulando assim o projeto de restituir a multiplicidade dos pontos de vista. Vemos que esse desafio é enorme: primeiro, não imobilizar a oposição entre, de um lado, os imigrantes e seus filhos e, de outro, os brancos racistas prontos para votar na extrema direita, renegando seu pertencimento de outrora à esquerda a fim de exprimirem uma insatisfação geral e um ressentimento difuso; segundo, e sobretudo, não instituir o «jovem da periferia» como novo sujeito — novo personagem mitológico — da radicalidade ou da resistência políticas, abandonando assim as classes populares brancas a uma deriva em direção à extrema direita, fenômeno, aliás, do qual Bourdieu era um dos mais conscientes e do qual ele tinha sido, muito cedo, desde o começo dos anos 1980, um analista extremamente lúcido no contexto de sua crítica da ideologia cada vez mais burguesa e cada vez mais à direita do Partido Socialista.[20]

No texto de apresentação do número da revista *Actes de la recherche* em que foi publicado esse diálogo do sociólogo com os dois rapazes, ele declarava o desejo de convidar o leitor a adotar o «olhar sociológico», que «toma as coisas e as pessoas tal como elas são, porque busca sempre aproximá-las das causas e razões que fazem delas o que são». Chegava inclusive a sugerir que essa abordagem levava o sociólogo, com a condição de se objetivar, a conseguir «se transportar em pensamento ao lugar onde se encontra seu objeto e com isso adotar seu ponto de vista, ou seja, compreender que, se estivesse, como se diz, em

---

20.   Sobre todos esses temas, remeto ao meu livro *D'une révolution conservatrice e de ses effets sur la gauche française*. Paris: Léo Scheer, 2007.

seu lugar, seria e pensaria sem dúvida como ele».[21] Mas, se a cena social estudada inclui diversos protagonistas que se enfrentam em um mesmo «lugar» (com tudo o que Bourdieu chamará de «efeitos de lugar» e que serão forçosamente diferentes para cada um desses protagonistas), a tarefa do sociólogo se revela bastante embaraçosa, já que, para estar no lugar tanto de uns quanto de outros, deve ser e pensar como cada um deles, que por sua vez pensam uns contra os outros. Se o pesquisador deixa transparecer que ele pende para um lado ou para outro, é porque a objetivação do sociólogo, a reflexividade que ele invoca, não foram levadas suficientemente longe.

«Compreender» seria o título dado mais tarde à conclusão do livro *A miséria do mundo*. Bourdieu aí descreveria então a «entrevista» sociológica como uma forma de

> *exercício espiritual*, visando obter, pelo *esquecimento de si*, uma verdadeira *conversão do olhar* que lançamos sobre os outros nas circunstâncias ordinárias da vida. A disposição acolhedora que leva a fazer seus os problemas do entrevistado, a atitude de considerá-lo e compreendê-lo tal como ele é, na sua necessidade singular,

---

21. Pierre Bourdieu, «Introduction à la socioanalyse», *Actes de la recherche*..., op. cit., pp. 3-5.

é um tipo de amor intelectual: um olhar que consente diante da necessidade.[22]

Belo texto, com certeza, para um belíssimo programa teórico! Com a condição de que isso se aplique a todos.

Não é nada surpreendente o fato de Bourdieu ter ouvido minha objeção e ter me respondido: «Você tem razão! É muito importante coletar também esse outro ponto de vista!». Ele então teve a ideia de enviar até a casa de minha mãe uma socióloga da equipe que participava com ele da preparação desse volume coletivo (e não teve de refletir muito sobre essa questão; parecia óbvio para ele — e como não estar de acordo com ele a esse respeito? — que era preciso uma mulher para entrevistar uma mulher, a fim de estabelecer uma cumplicidade maior e mais imediata na interação da entrevista). Ele via no quadro social que eu lhe pintei um caso exemplar do que chamava de «sofrimento de posição», ideia em torno da qual uma boa parte do livro em gestação iria se articular, e que correspondia perfeitamente à situação que eu lhe havia relatado. (É uma noção que a meu ver, de maneira geral, é capital, já que permite evitar na análise que se considere apenas o sofrimento de condição, que pode às vezes

---

22.   Id., *La Misère du monde*, op. cit., pp. 912-4. Grifo do original.

mascarar a potência dos efeitos do «sofrimento de posição». Tudo é uma questão de escala. Sobre o mapa global do mundo social: miséria de condição; sobre o mapa mais restrito de uma classe social, de uma profissão ou de um bairro: miséria de posição.) Teria minha mãe aceitado a proposta de entrevista? Nada é mais incerto. A pergunta nunca foi feita porque não consegui me decidir a esse respeito. A razão principal, tenho de confessar, foi simplesmente que, mesmo com as garantias do «anonimato» da entrevista, me pareceu impossível aceitar que ressurgisse em minha vida, daquela estranha maneira, tudo aquilo de que, precisamente, eu tinha me esforçado tanto para escapar, e também que o mundo que eu havia construído para mim — meus amigos, a vida intelectual... — pudesse de repente se ver projetado no mundo do qual eu tinha escapado. A fronteira entre essas duas partes de mim mesmo — partes tão presentes quanto dissociadas, pelo menos assim eu acreditava, ou queria acreditar que estivessem — devia continuar impermeável tanto quanto fosse possível. Por quê? Não sei dizer. Não sei mais. Isso aconteceu vinte anos antes do episódio da fotografia rasgada, e foi um processo análogo, que se operou em mim com uma força à qual nenhum ato de reflexão ou de decisão podia opor resistência imediatamente, um processo que veio das profundezas do meu passado, da minha história, da minha trajetória, e que impunha sua lei e me ditava essa reação.

Alguns dirão que é um paradoxo: a abordagem de Bourdieu deveria ter me mostrado a maneira de reconciliar esses dois períodos de minha vida — que obviamente continuavam coabitando de modo conflitante em mim —, o passado e o presente, ou mais exatamente a presença denegada e incansavelmente renegada do mundo passado e a presença afirmada e escolhida, na medida do possível, do mundo presente. Ora, eu admirava a obra de Bourdieu havia muito tempo. Seria difícil encontrar palavras suficientemente potentes para exprimir a que ponto, quinze anos antes da obra *A miséria do mundo*, tinha sido tão impactante para mim seu trabalho, principalmente a obra-prima *A distinção*. Estranhamente, eu não menciono esse livro entre as obras-chave de minha «sentimenteca» em *Retorno a Reims*, embora seja, sem dúvida alguma, um dos livros que mais contaram na minha vida e que considero uma referência teórica incontornável para quem quer compreender o funcionamento do mundo social — e portanto a si mesmo. Em muitos aspectos, *Retorno a Reims* se inscreve na filiação desta obra, *A distinção*. Meu livro, e com isso quero dizer a possibilidade de uma tal abordagem autoanalítica e socioanalítica, não teria existido se essa matriz de pensamento não tivesse sido aventada um quarto de século antes. A potência do pensamento bourdieusiano e a clareza de sua verdade impactam seus leitores — e em primeiro lugar os «trânsfugas de classe», que depreendem de imediato o caráter fundamentalmente relacional daquilo que define os lugares diferenciados onde viveram e os estilos de vida que lhes são característicos. Annie Ernaux recordou maravilhosamente bem essa impressão, essa emoção sentida até mesmo fisicamente, quando da leitura dos livros de Bourdieu, e também essa transformação de si mesma, do olhar que lançamos sobre o mundo, que esse tipo de leitura permitiu operar:

> Ler nos anos 1970 *Os herdeiros*, *A reprodução*, e mais tarde *A distinção*, foi — e ainda é — como sentir um choque ontológico violento. Emprego deliberadamente esse termo «ontológico»: o ser que acreditávamos ser já não é o mesmo, a visão que tínhamos de nós mesmos e dos outros na sociedade se desfaz, nosso lugar, nossos gostos, nada mais é visto por nós como natural, como óbvio, no funcionamento das coisas aparentemente mais banais da vida. E, se viemos das camadas sociais dominadas, a aprovação intelectual que damos às análises rigorosas de Bourdieu é acompanhada do sentimento advindo da evidência vivida, da veracidade da teoria em alguma medida

assegurada pela experiência. Não se pode, por exemplo, recusar a realidade da violência simbólica quando você e seus próximos a sofreram.[23]

O projeto literário de Ernaux e sua realização nos livros marcantes cujos títulos mencionei acima devem muito à leitura que ela fez de Bourdieu, em diálogo com a que fez da obra de Beauvoir, como veremos. É preciso sublinhar a que ponto escrever alguma coisa de novo deve passar pela referência aos grandes autores nos quais nos inspiramos, principalmente graças às chaves de leitura que eles nos legaram, ao trabalho de elucidação e de explicitação que realizaram, e também, e isto é muito importante, ao efeito de autorização transmitido pelos gestos que empreenderam antes de nós.

A grandiosa reconstrução da ordem social como uma maquinaria da desigualdade e a análise minuciosa e implacável dos efeitos da dominação social que, ao se inscreverem duradouramente nos cérebros, permitem a essa dominação se perpetuar... tudo isso tinha não apenas me iluminado, intelectualmente falando, como também, em parte, me libertado existencialmente. Fiquei embasbacado e poderia dizer, sem exagero, que Bourdieu

23.   Annie Ernaux, «Bourdieu: le chagrin», *Le Monde*, 5 fev. 2002.

me permitiu sobreviver, e isso em uma época em que o rumo que eu tomava e a clivagem que então se dava em relação a quem eu era poderiam ter me enlouquecido. Ele me forneceu chaves para que eu pudesse saber quem eu era, o que se passava na minha existência social, ao mesmo tempo que me permitia refletir, de um ponto de vista mais geral, sobre o que é um «indivíduo», sobre o que é o «eu», sobre os mecanismos de sua constituição e sobre as condições que se interpõem em sua relação com os outros e com o mundo. Em certo sentido, a leitura desse livro foi para mim o meio de manter um vínculo — intelectual e político — com a minha família, com o meu meio, embora eu não tivesse rompido com eles, mas sim me afastado muito, mental e socialmente. Ele permitiu, sem dúvida alguma, que eu me sentisse convocado a realizar um processo de retorno — cujo acabamento efetivo, formulação explícita e expressão literária e teórica se tornariam possíveis, ainda que com demora, pelo fato prévio de que a distância, por maior que pudesse vir a ser, se via sempre dificultada pela força do pensamento sociológico e político de que eu tinha decidido me apropriar. Logo no começo do livro *A distinção*, Bourdieu apresenta seu trabalho como um projeto de «psicanálise social». Essa ideia de uma exploração do inconsciente do mundo no qual estamos imersos, e também da maneira como os inconscientes individuais são fabricados pelas estruturas desse mundo social e da história da qual ele é produto, obviamente me seduziu, pois se tratava de utilizar alguns conceitos da psicanálise (disciplina que sempre me inspirou uma reação instintiva de repúdio e revolta, e até mesmo uma aversão incontornável, que hoje eu assumo plenamente, e que não me parece muito difícil de explicitar nem de tematizar), fazendo-os funcionar em uma perspectiva antropológica e sociológica, portanto resolutamente não psicanalítica. Eu tinha o sentimento de que esse livro iluminava meu presente, meu passado e sobretudo a relação entre os dois. Ele respondia também às questões e aos problemas que meu marxismo de juventude parecia já não ser capaz de esclarecer. Sim, o livro falava de mim. Ele me oferecia chaves para me entender.

E, mesmo assim, aquela afinação intelectual que eu experimentava na carne não me permitiu resistir à força invasora da «violência simbólica». Isto é, daquela cumplicidade que os dominados concedem à sua dominação. Isso vem do fato de que somos tão fabricados pela ordem do mundo — social — que nos tornamos responsáveis por sua reprodução: validamos sua legitimidade e seu funcionamento, mesmo quando a contestamos ou a combatemos, mas em outro nível, a fim de alterá-la. Se essa ordem não muda na velocidade que gostaríamos é porque participamos também de sua perpetuação por meio de todos os automatismos que incorporamos e que se traduzem em nossas práticas e em nossos gestos, em nossos pensamentos e em nossas palavras. Quando, durante uma discussão sobre *Retorno a Reims*, no começo dos anos 2010, na Universidade de Lille, um estudante sustentou que era paradoxal o fato de eu, como qualquer outro que tivesse convivido com Bourdieu e que continuasse próximo de sua obra, ter interiorizado tão intensamente as hierarquias sociais, os valores que elas impõem e os sofrimentos que elas infligem, eu fiquei desconcertado — o que não acontece frequentemente — pela ofuscante clareza por trás da aparente simplicidade de sua questão, da contradição que ela ressaltava. Como esse jovem tinha levantado vários problemas, aproveitei para evitar dar-lhe uma resposta sobre esse ponto. O que eu podia dizer? Que a teoria que reivindicamos, mesmo quando é vivida na própria carne, e que a posição política que advogamos, mesmo quando vem do mais profundo de si mesmo e da experiência passada e presente, não são dotadas de uma eficácia — performativa — suficiente para quebrar as inércias do mundo social em torno de nós e em nós mesmos? É por isso que as oposições sempre reiteradas entre a «liberdade» e o «determinismo», a «tomada da palavra» e o fato de «ser falado» pelas estruturas do mundo etc., me parecem passar completamente ao largo desta verdade essencial: as duas dimensões são verdadeiras ao mesmo tempo, porque imbricadas uma na outra, seja no plano coletivo, seja no plano individual. Por mais críticos ou radicais que desejemos ser ou que venhamos a ser, continuamos submetidos, de várias maneiras, às âncoras históricas e sociais que determinam nosso comportamento ou nossos desejos cotidianos. Criticar a ordem das coisas, querer contribuir para sua mudança, não quer dizer que já somos outro, que nos transformamos totalmente, que fomos integralmente «libertados» dos papéis que aprendemos e que se tornaram «naturais», e dos comportamentos ou das reações que eles comandam.

Não há nada surpreendente nisso. Simone de Beauvoir, quando estava escrevendo *O segundo sexo*, não enviava cartas a Nelson Algren, com quem tinha uma relação amorosa, para lhe dizer que ela seria «tão obediente como uma esposa árabe» e que limparia a casa e cozinharia para ele? Uma pobre historiadora que escrevia em uma revista semanal achou que podia criticar ironicamente isso, quando essas cartas foram publicadas em livro. Ela interpretou apressadamente o que escreveu Beauvoir como uma revanche da «natureza» sobre a ideologia do «tudo é cultural». Que estupidez! Que deplorável estupidez!!!

E que diz muito sobre o que tinham em mente os promotores da revolução conservadora na vida intelectual e na esquerda francesa durante os anos 1980 e 1990 (a «natureza» invocada contra a reflexão crítica e contra o pensamento feminista, essa era a velha ideologia de direita que vinha ocupar os jornais que se diziam de esquerda, e sob a pena de antigos stalinistas que tinham reciclado suas pulsões autoritárias e retrógradas pregressas para colocá-las a serviço da ordem estabelecida!). A verdade é que o trabalho de emancipação — que é preciso antes de tudo, e passo a passo, realizar sobre si mesmo, pois a política inovadora é necessariamente uma política de si sobre si para diminuir a influência em nós da força opressiva do mundo tal como ele é — pode fazer emergir outros discursos, outras possibilidades, outras imaginações e assim contribuir para mudar a realidade. Não se rompe com a ordem estabelecida com uma vara de condão. O que queriam? Que não apenas Beauvoir tivesse passado anos e anos escrevendo um livro destinado a desestabilizar um dos princípios mais arcaicos e mais inabaláveis da ordem social, publicado uma obra capaz de transformar as percepções, tão potente a ponto de se tornar uma referência no mundo inteiro, desafiado os insultos e as piadas de mau gosto... mas que, além disso, ela tivesse renunciado a se apaixonar por um homem e a utilizar uma linguagem comum e um léxico convencional para expressar essa paixão? Como se aquele amor, que ela manifestou usando essas fórmulas codificadas — paradoxo que não lhe escapava! Ela jogava com isso, se divertia com isso —, fosse capaz de anular a audácia intelectual e a afirmação política! Não há gesto emancipador total, não há política sem resíduo: somos sempre, em grande medida, falados e levados a agir pelo próprio mundo social, mesmo quando nos esforçamos para dissolver, por meio de palavras e atos, todas as aderências de nossa vida, de nosso pensamento e sobretudo de nosso impensado às formas do passado, aos modelos que recebemos e dos quais gostaríamos de nos livrar (ou dos quais não decidimos nos livrar inteiramente já que são talvez aqueles com os quais sonhamos, fantasiamos, durante a infância e a adolescência). A meu ver, o mais grave e ofensivo — mas quem protestaria? Com toda a certeza, não os neoconservadores, que obviamente não viram nada de errado nisso! — foram as piadas que Beauvoir repetiu nessas cartas a Algren sobre os «pederastas» e as «bichas». É como se ela buscasse afirmar Algren em sua masculinidade ao contrapô-lo à aparência afeminada de algumas personalidades homossexuais com quem ela cruzava em Paris. É como se ela somente pudesse construir sua relação sexual e amorosa com um homem se afastasse os representantes do que parecia considerar um terceiro sexo destinado a observações irônicas. E aí vemos bem — pois ela não teria feito essas observações em um texto destinado a ser publicado — que, conforme as circunstâncias, não se é necessariamente a mesma pessoa; nesse caso, conforme o tipo de circulação do que se disse: se privado ou público, se carta pessoal ou ensaio filosófico (ainda que as páginas que ela consagra em seu livro à «lésbica» não sejam isentas dessas pulsões de julgamento depreciativo em relação às mulheres que transgridem as normas do gênero, e é, em alguma medida, reagindo a esses julgamentos que Monique Wittig tentará repensar todas essas questões de um ponto de vista lésbico). Sentimentos herdados e preconceitos em nada gloriosos podem, em nossa vida cotidiana, continuar a coabitar com a reflexão que busca justamente analisá-los e desfazê-los. Não é fácil se «desprender de si mesmo», como diria Foucault, e é sem dúvida infinitamente mais fácil corresponder a seu próprio pensamento político quando se é conservador e quando se adere à ordem estabelecida — basta ser boçal e feliz por sê-lo, moldando-se à boçalidade socialmente autorizada, que só é considerada «pensamento» justamente porque é amplamente compartilhada, portanto, porque é ela que organiza o horizonte estabelecido de expectativas — do que quando buscamos assumir a tarefa de mudar as estruturas do mundo (nas quais estamos inseridos necessariamente) e de mudar a nós mesmos. A ortodoxia — e a sua defesa —

é algo muito cômodo. A heresia, bem menos. E cada um que se arriscou nesta última sabe disso muito bem, como sabe também o quanto isso pode ser vivido de maneira dolorosa, ou no mínimo perturbadora e desgastante.

Como não fazer uso destas belas observações de Sartre: «'Pensei muitas vezes contra mim mesmo', escrevi em meu livro *As palavras*. Essa frase também não foi compreendida. Alguns viram nela traços de masoquismo. Mas é de outro modo que se deve interpretá-la: cada um precisa se revoltar contra o que pode estar inculcado em si próprio».[24]

O que significa, como ele reforçou de maneira tão acertada, que «não existe liberdade inerente»: «É preciso submeter as paixões, a raça, a classe, a nação e submeter a si mesmo e os outros homens. E o que conta, nesse caso, é a figura singular do obstáculo a ser superado, da resistência a ser vencida. Afinal, é essa figura que, em cada circunstância, dá corpo à liberdade».[25] Cada «paixão» é particular, parcial, parcelada... Cada vitória sobre uma dessas «paixões» ou sobre uma dessas coerções a que

24. Jean-Paul Sartre, «Sartre parle des *Mots*». In: Les Mots *et autres écrits autobiographiques*. Paris: Gallimard, 2010, p. 1258 (Bibliothèque de la Pléiade).

25. Id., «Qu'est-ce que la littérature?». In: *Situations II*. Paris: Gallimard, 1948, pp. 116-7.

estamos submetidos também o é. O que significa que a política é necessariamente multidimensional e se declina sempre no plural. Voltarei a isso mais adiante. Por enquanto, vou me deter nessa ideia de que o que somos nos foi «inculcado» pela história sedimentada e pela ordem estabelecida, e que é necessário trabalhar para nos desfazermos do peso dessas inculcações, na medida do possível. Isso não nos leva a pensar que talvez fosse conveniente inverter a célebre fórmula de Beauvoir, no *Segundo sexo*: «Não se nasce mulher, torna-se uma»? Não ignoro que ela queria enfatizar com essa frase que a definição do que convém ser ou não ser quando se é mulher, e do que convém ser ou não ser quando se é homem, não é da ordem da natureza, mas da cultura, não é da ordem da biologia, mas dos quadros sociais. E que são as coerções normativas inculcadas desde a primeira infância que determinam o que «é» uma mulher e o que «é» um homem, em um binarismo relacional que somente se explica como a somatização da estrutura social e sexuada, da divisão social e sexual das funções e das tarefas, dos códigos e das representações, das encenações de si por intermédio do rosto e do corpo, das roupas e das atitudes permitidas ou proibidas. O «gênero» é uma estrutura de relações e de oposições binárias, no seio da qual cada termo apenas se constitui como tal na relação com seu contrário, de modo que o que define o feminino é o que não é, e sobretudo o que não dever ser, o masculino.

Se os quadros regulamentares, os papéis sociais e as identidades se impõem a nós desde que chegamos ao mundo, isso significa que eles preexistem a nós e que nosso nascimento nos expõe imediatamente à sua força constitutiva, o que é o mesmo que dizer que, na realidade, «se nasce mulher» ou «se nasce homem», já que a norma social se apodera de nós e nos dita de imediato sua lei. Um longo e paciente trabalho sobre si, mas ao mesmo tempo sobre as estruturas sociais e políticas — ou seja, uma crítica social e intelectual e uma ascese pessoal com vistas a transformar-se a si mesmo —, é necessário para que o vir a ser se distancie dessas prescrições culturais que envolvem e determinam cada um de nós. Nascemos mulher ou homem e a prática da emancipação — da impossível, da inacessível emancipação — consiste em tentar se tornar o menos possível um ou outro, isto é, se esforçar para infringir a reprodução das identidades atribuídas e dos papéis estereotipados que elas, por sua vez, nos impõem. Se a história é «a longa sucessão de sinônimos de um mesmo vocábulo», como é dito no início do texto de René Char citado por Foucault na lombada de seus últimos livros, *O uso dos prazeres* e *O cuidado de si*, a continuação da citação se impõe tanto como uma tarefa cotidiana quanto como um projeto político: «Contradizer isso é um dever». No entanto, do «dever» à realização efetiva, o percurso é longo e em nada simples ou desimpedido.

*

Essa tensão entre as duas formas de querer que coexistem em cada um de nós — a afirmação política ou intelectual e a inércia das paixões inculcadas — explica por que a simples ideia de que uma pesquisadora da equipe de Bourdieu pudesse ir falar com minha mãe me parecia insuportável. O que era estúpido, visto que eu mesmo considerava que o modo de viver no mundo e de dizê-lo de minha mãe era necessário para completar o panorama apresentado no livro em preparação e que, de qualquer jeito, a pesquisadora que iria registrar seu relato não iria julgá-la nem me julgar: ela iria simplesmente ouvir e informar. Evidentemente, eu tinha vergonha de ter vergonha (de ter vergonha de minha mãe, e sobretudo das posições que ela iria defender na ocasião da entrevista — pelo menos, essa era a justificativa que eu dava a mim mesmo —, mas também, e talvez sobretudo, do que ela era, de quem eram meus pais, do lugar onde moravam, da maneira como eles falavam... sim, vergonha de minhas origens sociais, a ponto de não querer que elas figurassem em uma obra sociológica — mesmo que não houvesse nenhuma menção a mim, e mesmo que os leitores do livro nunca chegassem a saber qual era minha ligação com a pessoa entrevistada!). Eu ainda não estava pronto a iniciar meu real «retorno a Reims». Mesmo que, como eu disse há pouco, o retorno como potencialidade, como realidade futura, sempre tenha sido parte integrante da viagem de distanciamento — aliás, acho que faz parte mesmo depois de consumada, pois, como eu também disse acima, um retorno nunca acaba —, ainda assim eu tive dificuldade em aceitar essa perscrutação das minhas vidas, dos meus arraigamentos sociais, das partes separadas da minha personalidade que me pareciam tanto inconcebíveis quanto impossíveis de reunir (eu que não conseguia nem mesmo, em 2010, publicar uma foto de meu pai comigo — e de nada serve hoje eu me arrepender de tê-lo recortado da foto e de ter jogado a parte recortada fora). Mas ter vergonha de sua vergonha não é o bastante para dissipá-la. Isso me atormentou durante semanas. Até que eu disse a Bourdieu que preferia que a entrevista não acontecesse. Acabei lhe respondendo — pois ele falava disso com frequência (com insistência até, aquela que lhe era própria quando queria algo): «É bobagem, eu sei, mas não consigo assumir isso». Embora ele tenha lamentado, compreendeu perfeitamente minhas razões — ou antes, minhas desrazões (o projeto de *A miséria do mundo* não consistia justamente em uma exploração da desrazão social e de todas as razões, boas ou más, de que ela se vale para se justificar?). Que objeções ele poderia me fazer? Justo ele que tinha passado por todas essas etapas antes de mim, e que havia inclusive teorizado sobre elas.

3. Os paradoxos da reapropriação

Numerosos comentários destacaram que as duas referências centrais, ou melhor, que os dois grandes modelos de meu livro *Retorno a Reims* eram, de um lado, a obra sociobiográfica de Annie Ernaux (principalmente seus livros *O lugar*, *Une femme* e *La Honte*) e, de outro, o livro *Esboço de autoanálise*, de Pierre Bourdieu.[26] Não deixa de ser verdade. É preciso apenas fazer a ressalva de que, se a obra póstuma de Bourdieu, na qual ele trabalhou nos últimos meses de sua vida e que enviou a seu editor alemão algumas semanas antes de sua morte (se chamaria *Bourdieu über Bourdieu* [Bourdieu sobre Bourdieu], e o site da

---

26.   Bourdieu, *Esquisse pour une autoanalyse*, op. cit.

editora já divulgava a imagem de capa), forneceu a ideia para meu livro, ela no entanto funcionou sobretudo como um contramodelo. E isso porque nela Bourdieu não diz o essencial. É claro, tratava-se apenas de um «esboço», e ele tinha a intenção de desenvolvê-lo mais tarde (ele queria publicar esse texto na Alemanha, esperar as reações e reelaborá-lo para publicar sua versão francesa muito mais extensa). O fato é que o modo como ele definiu o projeto de seu livro e o esboçou o levaria a limitar o seu alcance. Primeiro, porque, para ele, tratava-se de um projeto que visava fornecer as chaves para a compreensão de sua obra (dar aos leitores, diz ele, os elementos com os quais ele mesmo gostaria de ter contado para entender Flaubert), sem, no entanto, encorajar o projeto biográfico cujo objetivo fosse levar a investigação além do que é necessário para recuperar a gênese e os desafios de seu pensamento. Consequentemente, ele é levado, de um lado, a direcionar o foco de seu livro muito mais para ele mesmo do que para as estruturas do mundo social (em *Retorno a Reims*, eu parto de «mim» para ir ao encontro da análise dos determinismos sociais; ele, em seu *Esboço de autoanálise*, evoca os determinismos sociais apenas para ir ao encontro de si próprio, e de si próprio na condição de autor); de outro, a selecionar cuidadosamente as informações que estimava serem as únicas pertinentes nesse contexto específico, o que é impressionante, porque demonstra seus esforços para se esquivar de certos elementos que deveriam ser levados em consideração por quem quisesse estudar sua obra.

Ele consagra apenas alguns poucos parágrafos a seus pais, por exemplo. É evidente que a discrição e o pudor constituem grandes obstáculos ao projeto de autoanálise. O número de omissões voluntárias a que conduzem acaba por entravar a preocupação com o rigor epistemológico! Mais do que isso: ele não se detém na ideia, mencionada muito rapidamente apesar de ser decisiva, de que sua obra representou para ele o caminho para uma ascese e para uma reapropriação de si. Isso deveria tê-lo levado a enfrentar mais direta e incisivamente essa questão nesse projeto, que é apresentado como autoanalítico. Começar pela ideia de «campo» — reconstituir o campo intelectual tal como ele o encontrou ao entrar na vida intelectual, com a polaridade estabelecida entre Sartre, de um lado, Lévi-Strauss e Canguilhem, de outro, etc. — para explicar os princípios que presidiram o nascimento de sua obra me parece ser uma maneira de evitar ou de mascarar o que ele deveria ter exumado, e que vislumbramos nas páginas finais de seu livro, nas quais então ele faz uma concessão e evoca sua infância e a formação de seu *habitus*. No entanto, ele faz isso rápido demais, como se ali não tivessem sido decididas, por exemplo, as escolhas intelectuais que faria ao longo de sua carreira. Assim, ao declarar que ele escreve esse livro para desencorajar os biógrafos, e ao insistir para que não confundamos esse texto com uma «autobiografia», Bourdieu nos leva a desconfiar de que sua «autoanálise» parece mais uma tela atrás da qual ele tenta se proteger de uma redução excessivamente direta — e animada por paixões hostis — do conteúdo de sua obra às suas origens sociais. E a reiteração encantatória das palavras «ciência», «científico», «cientificidade» na introdução redigida por seus editores franceses contribui para reforçar essa impressão. Afinal, por que insistir tanto no caráter «científico» desse livro, como se fosse absolutamente necessário justificar aos leitores sua existência e, sobretudo, como forma de tentar orientar a leitura deles, ou mesmo exorcizar os espectros de uma tentação «literária» ou «filosófica» que teriam surgido tardiamente no autor de *O senso prático*? Mas como ele fala muito dele, de sua obra e, no fundo, muito pouco de sua estrutura familiar, do sistema escolar... seu texto se assemelha mais a uma autobiografia bastante parcial e muito contida do que a uma autoanálise propriamente dita. De qualquer forma, a autoanálise tem em comum com a autobiografia o fato de o autor nela se instalar, conforme a expressão empregada pela escritora Assia Djebar, na posição de um «monarca absoluto» em sua própria vida, e de ser ele quem escolhe o que é necessário falar e o que é preferível deixar de lado.[27]

Quando ele me fez ler o manuscrito, eu lhe disse: «Você está muito contido. É preciso ir mais longe. Releia Genet, releia *O milagre da rosa*...». Ele respondeu: «Mas eu não sou Genet, não sou um escritor». Ele se contentou em acrescentar uma referência a esse romance. Lembrei--lhe ainda que em várias ocasiões ele havia salientado que era necessário ser um Thomas Bernhard ou uma Virginia Woolf para explorar as estruturas mentais, portanto as estruturas sociais incorporadas. E que, por mais que não pudesse ser como eles (não é qualquer um que pode ser Woolf, Genet ou Bernhard, e o registro de suas escritas não era evidentemente acessível a alguém como Bourdieu, cujos livros tinham antes uma procedência profissional e, portanto, se vinculavam a dispositivos institucionais fundamentalmente diferentes da escrita literária), ao menos ele dispunha da faculdade de apropriar-se, ainda que parcialmente, da audácia desses escritores, da preocupação deles em mergulhar profundamente em si mesmos, na memória do corpo em que se vive, na memória dos lugares, ambientes e instituições que se conheceram,

---

27. Assia Djebar, *Ces voix qui m'assiègent*. Paris: Albin Michel, 1999, p. 111.

que se atravessaram, que se adotaram ou se rejeitaram...
Diante dessa minha observação, ele ainda se refugiou
nesta última linha de defesa: «Mas o que pensariam os
meus colegas! Que eu enlouqueci!». Ora, como se pode
realizar uma «autoanálise» se se está preocupado com o
que os colegas vão pensar? E sabemos bem o quanto esse
tipo de grupo funciona coletivamente tanto como uma
instância de limitação intelectual quanto como uma instância de emulação.

Ele, aliás, estava bem ciente disso, visto que, ao fazer
alusão ao período argelino de suas pesquisas no final dos
anos 1950 e início dos anos 1960, tinha declarado em uma
entrevista, aproximadamente nessa mesma época: «Há
uma censura do decoro acadêmico que faz com que haja
muitas coisas que nem sequer pensamos em contar. [...]
A preocupação em ser sério, científico, me levou a reprimir a dimensão literária. Censurei uma série de coisas».[28]

Esse olhar retrospectivo sobre o seu trabalho inicial
não o levou, infelizmente, a buscar reintegrar, no seu último trabalho, o que ele disse «lamentar» ter reprimido
nos seus primeiros textos (e nos que se seguiram). Para
fazer isso, ele precisaria ter infringido as leis da censura

---

28.   Pierre Bourdieu, «Entretien». In: *Images d'Algérie. Une affinité élective.*
Arles: Actes Sud, 2003, pp. 40-2.

exercida pelo decoro acadêmico ou pelo ideal declarado de cientificidade (tudo o que teve de aceitar e respeitar para dar visibilidade à novidade de sua abordagem, e que em consequência o forçou a submetê-la aos procedimentos e modos de exposição prescritos) e aquelas, mais poderosas ainda, da autocensura resultantes das primeiras.

Para fugir do sociologismo — aquele da tradição marxista, encarnado por Lucien Goldmann, por exemplo, ou o do Flaubert de Sartre —, caracterizado pelo estabelecimento de relação direta entre a criação literária e o pertencimento de classe do escritor, Bourdieu forjou a noção de «campo» literário, artístico ou científico, e isso como um meio de perceber que as opções e orientações que se opõem estão primeiro, e acima de tudo, ligadas a questões específicas, intrínsecas ao campo a que se pertence ou ao qual se quer pertencer, e à posição que se ocupa ou que se cria, para si próprio, no espaço das lutas literárias, artísticas ou científicas. Por mais decisiva que essa contribuição conceitual de Bourdieu tenha sido para a análise dos modos de funcionamento dos mundos profissionais — nesse caso, o mundo científico e o mundo intelectual —, cujo conjunto interligado constitui o mundo global dentro do qual existimos e evoluímos em diferentes esferas, ela passa a ser problemática na medida em que tende a se tornar autônoma e a se transformar em um princípio explicativo — se não exclusivo, ao menos principal. Isso faz com que, nesse caso, outra noção-chave da sociologia bourdieusiana, a de *habitus*, seja relegada a uma posição secundária. Contudo, as escolhas de alguém em um determinado «campo» só podem ser entendidas se consideramos as disposições incorporadas — portanto, o passado social interiorizado — que essa pessoa investe e implementa nesse campo. E isso se aplica, é claro, ao próprio Bourdieu! É impossível compreender o que governou os «gostos» e «aversões» teóricos que o orientaram no campo intelectual quando ele o descobriu e quando deu nele os seus primeiros passos sem que os relacionemos com a sua formação inicial e com o que aprendeu do mundo social durante a sua infância e adolescência.

No fundo, embora os dois projetos possam parecer radicalmente opostos — o projeto de Bourdieu se definindo aqui implicitamente, e poderíamos dizer até mesmo explicitamente, contra o projeto autobiográfico de Sartre —, há um ponto em comum que aproxima *As palavras* (livro em que Sartre descreve a sua infância, a sua família, onde e como surgiu a sua relação com os livros e a literatura, sem nada nos dizer sobre o quanto essa infância pode ter tido impacto no próprio conteúdo da sua obra e nos princípios filosóficos que nela são elaborados) do livro de Bourdieu *Esboço de autoanálise*, no qual a autoanálise atribui um lugar menor, e sobretudo secundário, à infância, à família, e parece querer evitar que se possa traçar uma ligação forte entre as condições sociais de aprendizagem do mundo e a orientação intelectual posterior. Em ambos os casos, a ligação entre o *habitus* e as escolhas intelectuais é posta fora de jogo: no caso de Sartre, porque ele fala da sua infância, mas não do seu trabalho; no caso de Bourdieu, porque ele fala do seu trabalho, mas não da sua infância, ou o faz muito pouco. É paradoxal que Bourdieu — que tanto censurou Sartre por ter construído a imagem do intelectual livre, «sem laços ou raízes», segundo a fórmula de Mannheim, e por ter relacionado o conteúdo dos seus livros, filosóficos ou literários (em particular, *O ser e o nada* e *A náusea*), às suas origens de classe — tenha feito o possível, por meio do dispositivo apresentado como «científico» em seu *Esboço*, para separar seu próprio pensamento de seus vínculos e raízes. Ele nos oferece mais uma análise da mente do que do corpo, do pensamento do que da sua inscrição social. No fundo, Sartre talvez tivesse razão quando disse em entrevista que, «na cultura, é preciso se colocar sempre de baixo para cima»: «É assim que eu gostaria de ter escrito uma biografia, a de Flaubert, colocando os livros na parte superior, como o resumo do corpo inteiro, e não apenas como o resumo da cabeça, com o seu olhar, e de suas mãos, com a sua escrita».[29] Tal programa é certamente mais fácil de realizar quando se trata da biografia de um autor sobre o qual estamos escrevendo (Flaubert) do que quando se trata de nós mesmos. Mas é uma pena que Bourdieu tenha se debruçado tão pouco sobre as disposições adquiridas na sua juventude para entender quem ele era quando entrou no espaço escolar, universitário, científico, no qual iria tentar encontrar um lugar, inventar uma posição, com base em escolhas baseadas em atrações e repulsões, que não derivam, nem todas elas, nem unicamente, da pureza de uma reflexão intelectual, e das quais se pode até mesmo dizer que são quase instintivas. Aliás, parece-me que é assim que Bourdieu procede em seu livro sobre Heidegger, no qual a análise do *habitus* ocupa um lugar tão importante quanto a análise do campo filosófico, ou, mais precisamente, os dois níveis de análise são indissociáveis, e a situação que Heidegger fabrica para si próprio no espaço teórico é relacionada de maneira bastante direta às suas inclinações políticas e sociais. Já em relação a si mesmo, Bourdieu estabelece, pela simples construção do seu livro, uma distância maior entre as disposições importadas para o interior de um campo e

---

29.   Jean-Paul Sartre, «L'écriture et la publication». Entrevista com Michel Sicard, *Obliques*, n. 18-19, especial «Sartre», 1978, p. 11.

a posição que nele se vai forjar. Desde a sua publicação, *Esboço de autoanálise* tem sido comparado a muitos outros livros (especialmente ao primeiro volume da autobiografia de Richard Hoggart, intitulada *33 Newport Street* [Rua Newport 33]). Seria, no entanto, muito interessante, a fim de examinar a forma como Bourdieu conduz as análises quando se trata dele mesmo, lê-lo à luz de seu livro sobre Heidegger. Sobre este, Bourdieu não hesita em falar de «opções fundamentais, aquelas que encontram o seu princípio nas mais profundas disposições do seu *habitus*», ou ainda no «muito limitado leque de posições filosóficas compatíveis com as suas opções ético-políticas».[30]

Por que Bourdieu não tentou compreender, quando se tratava de si próprio, esse entrelaçamento das escolhas intelectuais, por um lado, que só podem ser formuladas nos termos impostos pelo estado do campo científico — com as suas tradições, os seus problemas, as soluções apresentadas por outros, as polaridades estruturantes que organizam intercâmbios e polêmicas —, com, por outro lado, as «disposições profundas do *habitus*»? Não é que ele tente evitar essa questão crucial: tudo é dito, e

---

30. Pierre Bourdieu, *L'Ontologie politique de Martin Heidegger*. Paris: Minuit, 1988, pp. 52-3.

muito claramente, no final de seu livro. Mas isso é feito de forma rápida e breve. Nessas poucas páginas, ele nos convida a ler seus trabalhos sobre etnologia rural em Bearne, a região onde passou a infância e adolescência, como um «percurso iniciático», uma «ascese de iniciação»: abandonar o caminho da filosofia, com o qual estava comprometido, para passar à etnologia e à sociologia — e à sociologia rural, «situada na parte mais baixa da hierarquia social das disciplinas» —, tinha, diz ele, «como contrapartida» (podemos acrescentar, como motivação?) o «sonho confuso de uma reintegração à terra natal». De fato, ele explica por meio da «imersão total» que a investigação etnológica implica,

> efetiva-se uma reconciliação com as coisas e com as pessoas, das quais a entrada em outra vida tinha me distanciado insensivelmente, e às quais a postura etnográfica, por sua própria natureza, restitui o devido respeito: os amigos de infância, os pais, suas maneiras, suas rotinas, seus sotaques. É toda uma parte de mim que foi devolvida, a parte graças à qual eu me apegava a eles e que me afastava deles, porque eu não podia negá-la em mim mesmo a não ser renegando-os, com vergonha deles e de mim mesmo. O regresso às origens é acompanhado por um retorno, embora controlado, de tudo que reprimimos.

Ele chega ao ponto de dizer que o seu artigo inaugural sobre «O celibato e a condição camponesa», de 1962, teve por «origem» uma foto antiga da sua turma, que um dos seus colegas lhe tinha enviado com o comentário, atribuído a quase metade dos rapazes ali representados: «incasável». Em suma: uma foto antiga de turma foi capaz de suscitar nele o desejo de realizar uma investigação etnográfica que pode ser interpretada como um trabalho de recuperação de si próprio e do seu passado, reprimido e ocultado em função da entrada, e por meio dela, em outro mundo, aquele para o qual sua trajetória escolar e sua carreira acadêmica o haviam conduzido.[31]

Isso mostra o quanto a noção de «reflexividade», que pretende que o investigador considere a si próprio como objeto do olhar sociológico, a fim de identificar tudo o que pode haver de impensável em sua relação com o objeto das suas investigações, não concerne apenas às necessidades científicas de uma sociologia do conhecimento, de uma «antropologia cognitiva», mas também a uma ascese que nunca chega ao fim, e ao longo da qual cada passo adicional permite a reapropriação de si próprio, um pouco mais e melhor do que na etapa anterior. Foi durante um discurso proferido no ano 2000, em um dos templos do

---

31.   Id., *Esquisse pour une autoanalyse*, op. cit., pp. 78-82.

conhecimento acadêmico europeu, o Royal Anthropological Institute, de Londres, que lhe havia outorgado a Medalha Huxley, que Bourdieu salientou, em termos particularmente inequívocos, que foi em função de ter realizado um estudo etnológico da sociedade de Bearne, em contraponto aos seus estudos sobre a Cabília, que ele foi levado a considerar com um «respeito inseparavelmente científico e ético» o seu «meio de origem, ao mesmo tempo popular e provinciano, atrasado, alguns diriam arcaico, que eu tinha sido levado (ou melhor, compelido) a desprezar e a renegar, ou pior, a reprimir em minha fase de integração ansiosa (e mesmo um pouco impaciente e ávida) ao centro e aos valores culturais centrais».[32]

À maneira de Foucault, ao se interessar pela «loucura» para assim poder falar sobre a homossexualidade, para Bourdieu foi preciso um desvio, e também um atraso, para que ele pudesse iniciar esse trabalho sobre si mesmo. Foram seus estudos como etnólogo na Argélia que lhe permitiram conceber o mundo de sua juventude como objeto de análise:

---

32. Id., «L'objectivation participante». In: *Esquisses algériennes*. Paris: Seuil, 2008, pp. 338-9.

O olhar do etnólogo compreensivo que adotei em relação à Argélia, pude também adotá-lo em relação a mim mesmo, ao povo da minha região, aos meus pais, aos sotaques do meu pai e da minha mãe, e resgatar tudo isso sem drama, o que é um dos grandes problemas enfrentados pelos intelectuais que tiveram de se afastar de suas raízes, e que se tornam reféns seja do populismo, seja, ao contrário, da vergonha de si ligada ao racismo de classe. Adotei, em relação àquelas pessoas tão parecidas com os cabilas, pessoas com quem passei toda a minha infância, o olhar compreensivo que é compulsório a qualquer um que queira exercer a disciplina etnológica.[33]

Para evitar a «desculturação» — a negação da cultura do mundo de onde se vem — à qual a «aculturação» conduz — com a aquisição da cultura legítima —, o exercício do pensamento consistirá em fazer um «uso científico da experiência social».[34]

Ele poderia também ter descrito sua abordagem como aquela adotada em *Tristes trópicos*, mas ao avesso. Lévi-Strauss foi à Floresta Amazônica estudar os povos

33. Id., «Entretien», op. cit., p. 42.

34. Id., *Esquisse pour une autoanalyse*, op. cit., p. 85.

mais distantes de sua cultura de origem, antes de «voltar» ao seu ponto de partida (o último capítulo de sua grande obra de 1955 intitula-se «O retorno»), transformado por essa viagem, que pode ser interpretada como o caminho de uma iniciação a outras verdades e de uma ascese por meio da qual nos tornamos diferentes de quem éramos antes. Bourdieu quis estudar a própria sociedade de onde veio e na qual tinha passado a infância e adolescência. Portanto, o «retorno» não sucede à viagem, não é o seu fim, mas está inscrito na própria viagem, faz parte da própria viagem. A pesquisa etnológica contém o retorno, que é realizado, passo a passo, ano após ano, por meio dela. Serão necessários dois outros artigos, em 1972 e 1989, para aprofundar a sua análise, mas também para levar mais longe o processo da recuperação de si.[35]

É isso que Bourdieu, em um texto em que reflete sobre o «retorno» do trânsfuga de classe ao seu mundo natal e à sua cultura de origem, chama de «A odisseia da reapropriação». *Retorno a Reims* foi escrito à sombra de suas poucas páginas. Aliás, meu livro poderia ter usado esse título. Destaquei isso no prefácio, no qual citei e

---

35. Id., «Introduction». In: *Le bal des celibataires*. Paris: Seuil, 2002, pp. 10-4 (col. Points).

comentei esse artigo, tamanho o impacto que causou em mim. Mas, como decidi, pouco antes do envio dos arquivos para a gráfica, suprimir tanto a introdução quanto a conclusão que o compunham — porque esse dispositivo formal me pareceu então justamente o que ele era: um meio de enquadrar a leitura do texto e de atenuar o que considero ser a radicalidade das minhas observações, de neutralizar sua violência —, essa referência ao texto de Bourdieu foi pura e simplesmente apagada. E, no entanto, essa referência é central. Em muitos aspectos, *Retorno a Reims* pode ser lido como uma longa discussão com esse texto (de que Bourdieu deve ter gostado muito, uma vez que lhe deu várias versões), ou antes, como uma longa meditação sobre o tema que ele aborda. «A odisseia da reapropriação» de Bourdieu é, inicialmente, uma homenagem ao escritor berbere Mouloud Mammeri, autor de *La Colline oubliée* [A colina esquecida] e de quem Bourdieu foi muito próximo. Podemos reconstituir a história da relação de Mouloud Mammeri com a sua sociedade e cultura nativas, escreve Bourdieu, como sendo uma Odisseia, «com um movimento inicial de afastamento em direção a litorais desconhecidos, cheios de seduções, seguido de um longo retorno, lento e repleto de obstáculos, em direção à terra natal». E acrescenta: «Essa Odisseia é, na minha opinião, o caminho que todos aqueles que provêm de uma sociedade dominada, ou de uma classe ou região dominada em sociedades dominantes, devem seguir para se encontrar ou para se reencontrar».

Esse percurso começa com «o movimento que deve ser feito para se apropriar da cultura, da cultura simplesmente, a que não precisa ser qualificada e que é vivida como universal, que é ensinada oficialmente nas universidades e que só se pode adquirir deixando muitas coisas do lado de fora, muitas vezes a língua materna e tudo o que a acompanha». Em outra versão desse mesmo artigo, Bourdieu detalha quais são os aspectos nossos que somos levados a suprimir ou sufocar em nós mesmos: «Essa cultura não se deixa adquirir sem contrapartida» e por isso é preciso «deixar muitas coisas para fora dessas universidades: podem ser as relações familiares, as memórias de infância, pode ser a língua, a língua materna ou tudo o que a acompanha». E o que há de terrível nessa «renúncia», nesse «movimento de abandono, de renegação», é que «na maioria das vezes ele não se entende como tal» e, inclusive, «é sempre realizado com o consentimento daqueles que o realizam». E, de fato, «essa renúncia é acompanhada até por certa forma de felicidade». Naturalmente, «o processo poderia parar por aí, e muitos são aqueles que, integrados ao universo dominante, conhecidos e reconhecidos pela sociedade e cultura que reconhecem, não pedem nada mais». Mas, precisamente, Mouloud Mammeri não parou por aí. Pelo contrário. Ele voltou a «escutar os poetas-forjadores, os poetas-demiurgos, e a gravar seus poemas, muitos deles tão sofisticados como os dos poetas simbolistas, que eles fabricam». Assim, aquele que «teve de pagar por seu acesso à cultura legitimada com uma espécie de assassinato simbólico do pai» se encontra «reatando os laços com sua cultura paterna». Não nos enganemos. Se Bourdieu toma muito emprestado, como sempre, do vocabulário psicanalítico, não é o psiquismo no sentido freudiano que está em jogo no percurso aqui reconstruído. A relação psicológica entre o filho e o pai e a rejeição deste último pelo primeiro, que dessa forma entra na idade adulta, são apenas a consequência de processos muito mais profundos: a experiência pessoal é um efeito do caráter estruturante das estruturas sociais, históricas, nacionais, geográficas, étnicas... Trata-se, portanto, do papel desempenhado pela cultura legitimada na distância entre os meios sociais, entre as classes, e do afastamento em relação ao mundo de origem à medida que se adquire essa cultura, quando se vem de um universo em que ela não faz parte do solo natural, em que não é dotada de uma presença marcante a ponto de não nos surpreender, ou de não a notarmos. «Matar o pai» é uma metáfora para designar a recusa de sua própria família como um princípio da construção individual de si e de sua relação com o mundo, precisamente para aqueles que mudam de mundo. É a ruptura com a transmissão idêntica dos papéis e com a evidência não questionada dessa duplicação do pai pelo filho, da mãe pela filha, o que torna difícil, e muitas vezes quase impossível, a manutenção do vínculo entre filhos e pais, e por vezes entre irmãos e irmãs. Convém substituir a noção mistificante de uma «estrutura edipiana» que seria intrafamiliar por uma análise que leve em conta as relações diferenciais, de uma geração para outra, com o sistema escolar. A análise deve substituir o Édipo pela Escola e pela Cultura. A meu ver, Thomas Bernhard tem toda a razão quando nos incentiva a pensar o sistema escolar como o que permite estudar as entranhas de uma sociedade.[36]

A reconciliação com o «pai» (isto é, com a família, com o meio ou com a cultura de origem, em geral quando o pai já está morto, sendo talvez justamente essa morte o desencadeador do movimento de «retorno») leva tempo. O «retorno» é necessariamente longo e doloroso, mesmo que não seja marcado com o selo de uma impossibilidade fundamental ou de uma incompletude irredutível (o

---

36.   Thomas Bernhard, «L'Origine». In: *L'Origine, La Cave, Le Souffle, Le Froid, Un Enfant*. Paris: Gallimard, 1990, p. 77 (col. Biblos).

«retorno» é também um «irrealizável»). É claro que nos arriscamos a cair na armadilha que espreita frequentemente os dominados que, depois de terem deixado seu mundo, voltam a ele com a intenção de reabilitá-lo, portanto, de certa forma, de tentar lhe conferir méritos, de alçá-lo ao nível daqueles que ocupam as posições elevadas na hierarquia dos valores culturais. Assim, acrescenta Bourdieu, o que leva Mouloud Mammeri a se interessar por «essa cultura há muito reprimida é essa intenção dominada de reabilitação». Ele permanece «preso a modelos que o levam a procurar referências enobrecedoras nas figuras da poesia ocidental, tal como Victor Hugo».

No entanto, logo ele procederia à «reapropriação» de uma maneira totalmente diferente: em vez de tentar «enobrecer» o que ele redescobre naquilo de que tinha fugido, buscando elevá-lo ao nível das obras da cultura mais legítima, é com os instrumentos oferecidos pela etnologia que ele poderá finalmente compreender o que havia abandonado e, portanto, se compreender (sabemos o quanto Mammeri, famoso como poeta e romancista, foi severamente criticado na Argélia por ter atuado também como etnólogo, já que a etnologia era acusada de ser uma ciência colonial, ligada à colonização).

Não poderíamos deixar de concordar com Bourdieu quando ele expõe nessas poucas linhas, em termos tão esclarecedores, os dilemas enfrentados pelos trânsfugas, mas também, e de forma mais geral e mais fundamental, as condições teóricas e políticas de uma análise da dominação:

> O trabalho que conduz à reapropriação da cultura de origem, ao vencer a vergonha cultural, é uma verdadeira socioanálise que nunca se pode ter certeza de haver concluído. Isso porque a superação de sua negação inicial não pode tomar a forma de uma negação daquilo que a determinou, ou seja, de todos os recursos oferecidos pela cultura dominante. A dificuldade do caminho para a reconciliação consigo mesmo reside no fato de que os instrumentos de reapropriação da cultura que se negou são fornecidos pela cultura que impôs a negação. O último ardil da cultura dominante talvez resida no fato de que a revolta que ela provoca pode gerar a interdição da apropriação de instrumentos que, tal como a etnologia, são a condição para uma efetiva reapropriação da cultura de origem, cuja negação muito deve à cultura dominante. Mouloud Mammeri soube perfeitamente driblar esse derradeiro ardil da cultura dominante. Foi um dos primeiros a se valer da etnologia, prosseguindo tanto com seu trabalho pessoal de reapropriação de si, quanto desenvolvendo

um trabalho coletivo de reapropriação de uma cultura esquecida ou reprimida.

Na outra versão desse texto, e aqui já citada, lemos:

> O que torna o caminho para a reconciliação consigo mesmo tão difícil é que os instrumentos que permitem a reapropriação da cultura antes negada são fornecidos pela cultura que impôs sua negação. O último ardil da cultura dominante reside no fato de que a revolta contra a sua dominação pode gerar a perda dos instrumentos que ela contém (penso em particular na etnologia).

E, para não deixar nenhuma dúvida sobre o tema, Bourdieu continua: «O paradoxo é que os movimentos de emancipação contra qualquer forma de dominação simbólica estão sempre expostos a esse tipo de falso radicalismo que os impede de encontrar junto ao dominante os instrumentos indispensáveis para a realização completa do projeto libertador».

Assim, é mediante o trabalho acadêmico que o escritor berbere pode recuperar o seu passado, e dar a outros os meios para recuperarem o seu:

A conversão pessoal que Mouloud Mammeri teve de fazer para reencontrar «a colina esquecida», para regressar a sua terra natal, foi sem dúvida um gesto advindo acima de tudo do seu desejo de partilhar com muitos, não apenas com seus concidadãos e irmãos que foram vítimas da repressão e da alienação cultural, mas também com todos aqueles que, sujeitos a toda e qualquer forma de dominação simbólica, são condenados a esta forma máxima de expropriação, que é a vergonha de si mesmo.

Que não me acusem de forçar a interpretação desses textos, sugerindo, em filigrana, que se leia neles um autorretrato de Bourdieu, produzido por ele próprio. Isso é óbvio. Mas, para aqueles que se recusam a admitir essa obviedade, basta que eu esclareça que é o próprio Bourdieu quem o enfatiza: «Entendo muito melhor o trabalho que Mammeri realizava sobre si mesmo», escreve ele, «na medida em que, embora não precise afirmá-lo, eu estava fazendo algo bastante semelhante, em outro contexto».[37]

---

37. Pierre Bourdieu, «L'Odyssée de la réappropriation», *Awal: Cahiers d'Études Berbères*, n. 18, 1998; Id., «Mouloud Mammeri ou la colline retrouvée», *Le Monde*, 3 mar. 1989; Id., «La réappropriation de la culture reniée. À propos de Mouloud Mammeri». In: Tassadit Yassine (Org.), *Amours, fantasmes et societés en Afrique du Nord et au Sahara*. Paris: Awal/L'Harmattan, 1992.

Mas seria cabível pensar que o que se aplica ao trabalho etnológico de Bourdieu não se aplicaria ao seu trabalho sociológico? Se, em relação a Heidegger, ele pode descrever os limites impostos pelo campo filosófico, como aquele que impõe a «eufemização» ou a «sublimação» dos «impulsos expressivos», a fim de torná-los dizíveis no espaço da teoria, uma vez adequados à imposição de um formato, de uma maneira específica que consiste em «conferir formas» (acadêmica, universitária, científica etc.), por que isso não se aplicaria também ao próprio Bourdieu?[38] A única diferença é que não são os mesmos «impulsos», e que a reflexividade permite, até certo ponto (e apenas até certo ponto), trazê-los à luz, em vez de deixá-los agir nas profundezas da consciência e do inconsciente. Basta abrir o livro *Meditações pascalianas* para ver a que ponto, no início da obra, ele insiste, denunciando a ilusão escolástica e o viés intelectualista, no lastro histórico, social, existencial, quase corporal do trabalho intelectual, da abordagem teórica, da pesquisa científica. Isso significa que toda a sua obra deve ser lida como uma «odisseia da

---

38.   Pierre Bourdieu, *L'Ontologie politique...*, op. cit., p. 83.

reapropriação», no sentido preciso que os textos que acabo de examinar dão a essa expressão.[39]

Isso porque o *habitus* cindido não pode designar simplesmente uma tensão ou uma contradição nos campos sociais em que nos encontramos inseridos: é também uma falha, uma fratura, a partir da qual se forma o projeto intelectual daqueles que querem escrever para realizar um projeto de crítica do mundo social e das formas de opressão. Talvez nem tanto para consertar essa falha ou fratura, nem para tentar aboli-la — se é que isso seria possível —, mas para poder viver com ela sem muito tormento. Bourdieu fala em «conjurar o cisma doloroso, nunca totalmente superado, entre duas partes de mim mesmo».[40]

Poderíamos então sustentar que os livros de Bourdieu são «fragmentos de uma autobiografia», no sentido quase nietzschiano com que Foucault costumava se referir aos seus? Sim, é claro. Foucault nunca deixou de enfrentar na sua obra histórica e filosófica o tipo particular de violência de que tinha sido objeto — a rejeição

---

39. Id., *Méditations pascaliennes*. Paris: Seuil, 1997. Consultar, em particular, as páginas 21-59 e a longa citação de Espinosa nas páginas 58-9.

40. Id., «L'observation participante», *Actes de la recherche en sciences sociales*, vol. 150, n. 5, 2003, p. 56.

de certas categorias da população que estão para além da fronteira entre o normal e o não normal, por meio da patologização dos «desviantes» da ordem sexual etc. —, e ele gostava de descrever a energia que animava a sua abordagem como uma «indocilidade refletida». Esta consistia em tomar como ponto de partida o mal-estar que se sente em relação a certas instituições ou normas, a fim de produzir uma análise das modalidades de funcionamento das formas de poder e sujeição exercidas por meio dessas instituições e normas. Da mesma forma, Bourdieu desenvolveu um edifício conceitual que lhe permitiria explicar a violência social — aquela relativa às desigualdades de classe — que toda a sua carreira acadêmica o tinha levado a constatar e a observar de forma pessoal e direta. Daí o conjunto articulado e coerente de reflexões sobre o sistema escolar, a cultura, a linguagem, o julgamento estético etc. e o papel que desempenham na perpetuação da estrutura hierarquizada do mundo social.[41]

Contudo, o que todas as reflexões que acabo de citar indicam é que a reconciliação consigo mesmo e o resgate do passado não podem ser exercidos com um simples

---

41. Sobre todos estes pontos relativos a Foucault e a Bourdieu, ver o meu artigo «L'infréquentable Michel Foucault. Grandeur de l'intellectuel critique». In: *Hérésies. Essais sur la théorie de la sexualité.* Paris: Fayard, 2003, pp. 35-64.

retorno ao que se abandonou. A menos que se caia em uma espécie de populismo — que consistiria em querer celebrar culturas populares ou tradicionais como se fossem dotadas de qualidades maravilhosas —, o resgate deve passar pela análise e, portanto, por uma relação de distância, que é compensada pelo conhecimento do interior daquilo que a análise (etnológica, sociológica, literária...) busca explicar. O que nos leva de volta às belas páginas de *A miséria do mundo*, sobre a atividade de «compreender».

É, portanto, o trabalho etnológico, sociológico ou literário que, sem procurar exaltar o mundo que aqueles que escrevem abandonaram, torna possível explicá-lo, dar-lhe uma razão e, dessa forma, resgatá-lo, «respeitando-o». Contudo, o olhar que permite a «reapropriação» deve ser incontornavelmente crítico: restituir a lógica de uma cultura não pode ser sinônimo de enaltecê-la.

Isso obviamente traz à tona muitos problemas. E devo dizer que, de fato, é nos trabalhos de Bourdieu e Ernaux, entre outros, que me pareceu que o problema foi apresentado, enfrentado e, se não resolvido, pelo menos tornado explícito como tal, e isso com uma força e clareza que poucos autores alcançaram. Em *O lugar*, Annie Ernaux menciona essa dificuldade: «Ao escrever, caminha--se no limite entre reconstruir um modo de vida em geral tratado como inferior e denunciar a condição alienante que o acompanha». E constata a impossibilidade de ultrapassar essa tensão, já que se tem «a sensação de ficar oscilando de um lado para o outro dessa contradição».[42]

Porém permanece uma série de questões inerentes à própria ideia de reapropriação. Por um lado, o que se escreve pode não agradar àqueles sobre quem se escreve. E aqueles para os quais voltamos podem, ao mesmo tempo, se sentir felizes com essa reconciliação e não esquecer que fugimos deles, que os «traímos». É bem provável que façam questão de mostrar, por meio de ironia ou irritação (ou até mesmo da raiva), que eles também nutrem um sentimento de distância crítica em relação ao «retornado» (com o seu modo de falar ou de se vestir, por exemplo, ou com as suas posições políticas, vistas como ligadas à sua posição de privilégio).

Por outro lado, o «retorno» considerado dessa forma supõe que a «vergonha» tenha sido unidimensional: vergonha cultural, vergonha social, vergonha sexual... Mas me parece importante destacar que a relação com a família é mais simples para os trânsfugas de classe que vivem uma vida heterossexual — e que, nesse sentido, se

---

42. Annie Ernaux, *O lugar*. Tradução de Marília Garcia. São Paulo: Fósforo, 2021, p. 33.

inscrevem na continuidade de quem foram os seus pais, de quem reproduzem o modelo familiar — do que para os trânsfugas gays ou lésbicas, que se situam fora da lógica da sucessão das gerações. Isso pode ser visto nos romances de Raymond Williams, *Border Country* [País fronteiriço] e *Second Generation* [Segunda geração], cujos enredos e cenários têm lugar sob essa condição somente (tal como o relato que encontramos na autobiografia de Hoggart). Isso talvez explique uma das principais diferenças (uma vez que tenho sido questionado frequentemente sobre este ponto, formulo aqui uma resposta possível) entre a obra de Annie Ernaux e meu livro *Retorno a Reims*. A autora não tinha rompido com os seus pais, enquanto eu sim, ou pelo menos quase. E a razão provavelmente se encontra, creio eu, nas relações que estabelecemos com a família que abandonamos, conforme levemos uma vida heterossexual ou uma vida homossexual. Depois de uma das minhas primeiras visitas à minha mãe em Muizon, ela me contou que um de seus vizinhos lhe tinha dito: «O seu filho veio vê-la... É aquele que é...». Ela interrompeu o que ia dizer, deixando essa frase no ar, mas eu entendi, é claro, qual palavra estava faltando na anedota. Então perguntei: «Mas como é que ele sabe?». E ela respondeu: «Já que você fala disso na televisão, não deveria surpreendê-lo que todo mundo já saiba». Não havia nenhuma reprovação na sua voz... Havia, no entanto, uma espécie de subtexto no que ela acabara de dizer e que eu podia facilmente decifrar. Pude perceber que ela já tinha vivido como provações, certamente muito incomodada e provavelmente com um pouco de vergonha, as vezes que apareci em programas de televisão... No fundo, ela parecia sugerir que eu tinha sido bastante egoísta por não pensar nela, no meu pai, que eu fazia com que passassem vergonha, já que ela podia imaginar facilmente o que todo o bairro estava comentando: «É o filho homossexual da sra. Eribon». Posso confessá-lo? Também fiquei constrangido. Não apenas por ela, mas também por mim. Nada, então, tinha mudado? Na viagem seguinte, fui tomado por uma estranha sensação. Era como se, caminhando pelas ruas, da estação até a casa dela, eu ouvisse centenas de sussurros que escapavam daquelas casas e reuniam-se em uma nuvem escura que me envolvia com a sua força categorizadora: «Ali, o filho homossexual da sra. Eribon». Ou, mais diretamente: «O homossexual». E talvez, também, outros termos mais agressivos: «O...».

A pergunta que então emerge é: do que fugimos? Como recuperá-lo? E como recuperar seu passado de classe, por exemplo, quando o presente dessa classe torna difícil superar a «vergonha» no campo da sexualidade? Como conciliar atitudes que podem se revelar tão contraditórias: superar a vergonha social e superar a vergonha sexual? Como podemos refletir sobre ambas (ou ainda sobre outras) ao mesmo tempo?

II — AO LER ERNAUX

1. As ambiguidades da cultura

Assim, o leitor entusiasta que fui de *A distinção* não quis que a sua mãe aparecesse em outra obra de Pierre Bourdieu, ainda que aquele livro tivesse me permitido entender o que se passava na minha vida e na minha relação com os meus pais. Tenho dificuldade hoje em dia para conciliar esses dois elementos do meu passado, embora ambos sejam inegáveis, e para reconciliar os dois «eu» que eles designam. No fundo, estou tomando consciência de que o entusiasmo que senti com a descoberta da sociologia crítica — eu tinha começado a ler Bourdieu três ou quatro anos antes da publicação desse volume, quando assinei sua revista, que acabara de ser criada, e devorei os artigos que ele publicava regularmente — era marcado de saída por uma profunda ambivalência. Por um lado, era obviamente uma forma de manter uma forte ligação com as minhas origens e o meu passado de classe, uma vez que se tratava de analisar o papel desempenhado pelo sistema escolar e os gostos culturais na perpetuação da estrutura social. Por outro, isso significava para mim, ao mesmo tempo, que eu tomava distância daquele meio, uma vez que lia grandes livros de teoria sendo que eu vinha de uma família na qual não se liam livros e ninguém tinha estudado. Essa ambiguidade não é aquela que se impõe, com maior ou menor brutalidade, a qualquer trânsfuga de classe — a da indissociabilidade entre manter o vínculo com os seus e se distanciar progressivamente deles, em meio a uma «consciência infeliz», ou antes, em um tal desacordo consigo mesmo que obriga a ter de lidar com a contradição e com a tensão a todo momento? E por isso a ideia de «retorno» se assemelha, como acabamos de ver, a uma espécie de inversão: aquilo em razão do que nos afastamos de nossa origem pode operar a aproximação com ela, em um processo de recuperação de nós mesmos e de nosso passado, que a distância crítica nos permite respeitar sem que para isso tenhamos de idealizá-lo.

Quando meu pai morreu, decidi iniciar a escrita de *Retorno a Reims*. Ao reler para isso o *Esboço*, de Pierre Bourdieu, fui surpreendido com uma coincidência de datas que me intrigou: meu pai nasceu em 1929 e Bourdieu em 1930;

ambos faleceram aproximadamente com a mesma idade, um em 2005, o outro em 2002. Foram, portanto, absolutamente contemporâneos. No entanto, de que modo foram contemporâneos? E como o foram para mim? Ambos fizeram parte de minha vida. Desenvolvi uma profunda amizade com o intelectual, amizade cujo início coincidiu com a minha entrada em uma «carreira» diferente daquela a que eu estava destinado. Foi em 1979, quando o entrevistei para um jornal para o qual eu escrevia meu segundo artigo (o primeiro tinha sido uma resenha do livro *A distinção*, um mês antes, e marcou o início de uma atividade que eu desenvolveria durante bastante tempo como profissão). Eu ignorava quase completamente o operário com quem tinha passado os primeiros vinte anos de minha vida. E o detestava e menosprezava. Hoje em dia me pergunto se o que encontrei naquele com quem eu tinha estabelecido uma ligação tão forte não seria uma forma de não me desvincular totalmente daquele com quem eu tinha cortado quase toda relação. Eu sei, o mais fácil seria dizer que Bourdieu encarnava a figura de um pai intelectual que o meu verdadeiro pai não podia representar para mim. Mas, ao regurgitar dessa forma frases feitas da psicanálise ou da percepção familiarista (da qual a psicanálise é apenas uma emanação) da vida individual e social — que parecem se impor de forma tão espontânea e com tal evidência que deveriam gerar desconfiança, quando não se tem preguiça de pensar —, não estaríamos caindo em uma armadilha cuja função é reinscrever as múltiplas formas da relacionalidade e da invenção relacional unicamente nos termos e enquadramentos da estrutura familiar?

Contudo, existem muitos outros modelos para pensar essas relações entre pessoas mais velhas e pessoas mais novas (e aqui a diferença de idade pode ser de poucos anos, ou de trinta, quarenta ou cinquenta anos). Ao se referir a um professor que teve um papel significativo para ele como aluno, Richard Hoggart emprega estas palavras: «É evidente que Dobrée encarnou para mim, de muitas maneiras, a figura do pai intelectual em uma fase difícil de minha vida».[1] Cada detalhe que ele fornece sobre a sua relação mostra, no entanto, que ela representou algo bem diferente: uma relação de amizade entre duas pessoas de idades diferentes, em que se pode ver o desejo do mais novo de aprender ou de seguir, por meio desse vínculo, uma espécie de formação permanente capaz de preencher as lacunas de sua cultura inicial, mas principalmente de extrair do outro certa energia intelectual, e absorver de

---

1. Richard Hoggart, *33 Newport Street. Autobiographie d'un intellectuel issu des classes populaires anglaises*. Paris: Gallimard/Seuil, 1991, p. 279 (col. Hautes Études). O texto em inglês diz: «The figure of an intellectual father» [A figura de um pai intelectual].

seus conselhos um nível elevado de exigência, uma sede de escrever; no caso do mais velho, pode-se ver o interesse em ajudar uma pessoa mais jovem, em lhe transmitir algumas lições tiradas de sua própria experiência e, talvez, em permanecer, por meio desse recurso pedagógico, em contato com os mais jovens e com isso preservar algo da sua própria juventude, valendo-se dessa diferença de *status* para apagar a diferença de idade.

Penso, por exemplo, em algo que tanto interessou Foucault em sua investigação e em sua vida: a questão da relação de amizade, como um conceito e como uma prática. Quando escrevia a Georges Dumézil, da Suécia ou da Polônia, no final dos anos 1950, começava suas cartas frequentemente com «Meu pai...». Mas essa era apenas uma fórmula cômoda para expressar o afeto. Na realidade, não existe vocabulário para descrever os laços que unem duas ou mais pessoas fora das formas institucionalizadas. Daí a utilização desse léxico estabelecido. No entanto, nesse caso específico, trata-se mais de um exemplo da relação bastante típica entre dois homens homossexuais, em que um deles atua como mentor, como guia do outro. Dumézil preencheu em grande medida esse papel, que Foucault buscou avidamente ocupar por sua vez, rodeando-se de um círculo de jovens com quem gostava de se comportar como um verdadeiro «orientador de consciência». Sua ideia de uma «estética da existência» estava largamente assentada nessa reflexão sobre a intensidade de uma cumplicidade que pode ligar dois indivíduos (e em particular dois indivíduos do mesmo sexo e de idades diferentes).[2] Embora ele utilize a metáfora da família, poderíamos citar as belas fórmulas de Mathieu Lindon, quando, evocando as difíceis relações com o seu pai e aquelas, fáceis e felizes, que estabeleceu com Michel Foucault, ele fala da sua «família amical», aquela «família fictícia que se tornou a verdadeira»: «É como se finalmente eu tivesse descoberto, após uma longa busca, os meus amigos biológicos».[3] Nunca foi tão bem expressa a ideia de que os laços que criamos com os amigos que escolhemos são mais fortes do que aqueles estabelecidos pelo nascimento. Quando comecei a me afastar de meu pai, de minha mãe, de meus irmãos, eu sempre repetia que não escolhemos a família, mas que podemos escolher os amigos, e isso para justificar o fato de eu ter apagado a primeira de minha existência e de ter dado preferência aos segundos.

2.   Sobre o modelo antigo que o inspira, ver por exemplo: Michel Foucault, *L'Herméneutique du sujet. Cours au Collège de France, 1981-1982*. Paris: Seuil/Gallimard, 2001, pp. 110-2.

3.   Mathieu Lindon, *Ce qu'aimer veut dire*. Paris: POL, 2012, p. 183.

Minha cumplicidade com Bourdieu certamente não se baseou numa «filiação sexual» compartilhada, ao redor da qual orbitam conversas, referências, códigos e piadas, formando uma «cultura» da amizade e um «modo de vida» (como acontecia com Foucault), mas em uma origem social semelhante, com os reflexos do *habitus* e os tormentos comuns que dela derivavam. Bourdieu se tornou, assim, meu «amigo biológico»... E foi tanto por meio das conversas e trocas informais, das discussões políticas ou do apoio prático (opiniões, sugestões, observações... especialmente quando eu também comecei a escrever livros), quanto por meio das suas próprias obras, que o que se pode chamar de «influência» — embora essa palavra não dê conta do conjunto dos fenômenos que ela tende a reduzir a apenas uma de suas dimensões — se instalou duradouramente (e, aliás, ela atua nos dois sentidos).

Seguramente, não seria de todo incorreto afirmar — mesmo que essa dicotomia separe os dois registros de forma um tanto esquemática — que a minha ligação com Bourdieu e com o seu trabalho me ajudou a superar a vergonha social, ao me permitir pensá-la. O mesmo se deu em relação a Foucault e ao seu trabalho, que me ajudaram a superar, ao tematizá-la, a vergonha sexual. E isso porque as suas respectivas abordagens se ancoravam nas experiências por que tinham passado. Eles substituíram, desempenhando papéis análogos e talvez preenchendo funções idênticas, as referências a Marx e a Nietzsche que me acompanharam em meus anos de estudante, ou então aquelas que eu tinha descoberto — e que ainda descubro — na obra dos dois Sartre, o da *Crítica da razão dialética* e o de *Saint Genet*, me permitindo lidar, em cada instante de minha vida, com o problema das classes e, ao mesmo tempo, com aquele da subjetividade minoritária dos estigmatizados. De fato, é possível ler *História da loucura* e *A distinção* como dois grandes projetos de autoanálise e de reapropriação teórica e política de si, como esforços desmesurados para superar a vergonha sexual, no primeiro caso, e a vergonha social, no segundo. E todo esse trabalho de ambos para pensar a si mesmos, assim como para pensar os mecanismos da dominação de que tinham sido objeto, adquiriu, uma vez convertidos em análise teórica, o poder intelectual e político de uma mensagem dirigida a todos, ao menos a todos que tinham passado, estavam passando ou que ainda passariam pelas mesmas dificuldades, pelas mesmas provações. São livros que criam o seu público dando expressão e sentido a experiências e sentimentos que são compartilhados, mas difusos e difíceis de serem formulados. Graças a eles, eu podia lutar contra a colonização da mente pelas forças de subjugação a que fui submetido e às quais eu próprio me submetia.

Esses são livros que não se contentam em meramente olhar para a superfície do real e registrar o que parece estar acontecendo ali. Ao contrário, exploram as espessuras da história e do social e, assim fazendo, transformam a percepção que os sujeitos têm de si e do mundo. Ao oferecerem novas formas de nos pensarmos, essas obras nos levam a ir atrás de transformarmos a nós mesmos e de trabalharmos para mudar o mundo social a nossa volta.

É importante lembrar, todavia — será mesmo útil acrescentar isto? —, que não é necessário conhecer pessoalmente um autor para que sua obra e sua pessoa exerçam seus efeitos transformadores quando se começa a descobri-los e a se sentir fascinado por eles. E é por isso que o léxico familiarista é inoperante. Trata-se mais do poder de atração que emana de uma obra e de seu autor, a partir do qual entendemos que o vínculo que estabeleceremos com eles irá nos ajudar a viver. Gide enfatizou isso no seu artigo sobre a influência, quando fala de livros que são como «espelhos», nos quais vemos não o que «já somos de fato, mas o que somos de uma forma latente». A influência, entendida nesse sentido, é promotora de uma «autodescoberta», de um «despertar para si mesmo» por meio de um «sentimento» de «parentesco redescoberto». Por mais pessoal que seja esse sentimento, ele é também coletivo, na medida em que é partilhado por certo número de leitores, em um amplo espaço geográfico ou ao longo do tempo. A comunidade daqueles que se reconhecem em um livro, em uma obra, nos esforços de um autor, constitui, em sentido estrito, um público, unido por uma cumplicidade afetiva e emocional, tanto ou até mais do que intelectual...[4]

*

Eu me fazia essas perguntas quando, ao reler o livro *Une femme*, de Annie Ernaux, deparei com esta frase, que tinha esquecido — teria mesmo esquecido? — e que me saltou aos olhos. Nas últimas páginas desse livro, no qual ela evoca a morte — e também a vida — de sua mãe, Ernaux insere a seguinte observação: «Ela morreu oito dias antes de Simone de Beauvoir». Trata-se, para ela, evidentemente, de sublinhar o fato de ter perdido na mesma semana as duas mulheres mais importantes de sua vida. Duas mulheres que tudo separava e que, no entanto, tal como ela faz questão de afirmar, estavam unidas pela mesma qualidade essencial: a generosidade.

---

4. Sobre os livros que criam o seu público, ver André Gide, «De l'influence en littérature». In: *Essais critiques*. Paris: Gallimard, 1999, pp. 403-17 (col. Bibliothèque de la Pléiade).

Depois de notar esta coincidência — a proximidade das datas de falecimento da famosa intelectual e de sua mãe, que tinha uma mercearia de bairro numa pequena cidade do interior —, ela escreve sobre esta última: «Ela gostava de se doar, mais do que de receber», e acrescenta, voltando a Beauvoir: «Por acaso escrever não é uma forma de se doar».[5] Não há nenhum ponto de interrogação no final dessa frase. Não se trata de uma pergunta. Quatro linhas no total, para enfatizar que essas duas mulheres, tão diferentes uma da outra, mas ambas generosas a sua maneira, lhe permitiram, graças ao que lhe «deram», tornar-se quem ela é. E para deixar claro que ela própria pretende passar o bastão que lhe foi passado! Afinal, é este também o objetivo de seu próprio trabalho: «doar», ou seja, servir a um propósito. Na quarta capa de *L'Écriture comme un couteau* [A escrita como faca], ela fez questão de ressaltar essa ideia: «Sinto que escrever é a melhor coisa que posso fazer, no meu caso, na minha situação de trânsfuga, como um ato político e como uma 'doação'».

Assim, no momento de concluir seu livro em homenagem a sua mãe, a quem ela reconhece dever toda a sua educação formal, em especial a superior (essa mãe que quis se tornar comerciante para deixar de ser

5.   Annie Ernaux, *Une femme*. Paris: Gallimard, 2012, pp. 105-6 (col. Folio).

operária porque com isso acreditou que escaparia do destino a que parecia estar fadada, mas que rapidamente foi lembrada, pelo princípio da realidade econômica, da inviabilidade de seu sonho de ascensão social, transferindo-o, assim, como o fez também minha própria mãe, para a criança que teria mais chances do que ela), Annie Ernaux também quis declarar, mesmo que em apenas um parágrafo, a sua dívida para com outra mulher, Simone de Beauvoir, e para com o modelo que esta representou. Porém, no fundo, esse modelo só foi descoberto porque ela já tinha enveredado pela via dos estudos. Ela falou várias vezes sobre o que significou para ela, aos dezoito anos, esse «encontro» capital (não um encontro real e físico com Beauvoir como pessoa, mas com os seus livros, especialmente *O segundo sexo*) e a «revelação» que foi essa «experiência de leitura»: «Tudo o que eu tinha vivido nos anos anteriores, de sofrimento e de mal-estar opacos, indiscerníveis, tornou-se subitamente claro. Daí me vem, acredito, a certeza de que, se a tomada de consciência não resolve nada por ela mesma, ainda assim ela é o primeiro passo para a libertação e para a ação».[6] Ela já tinha recordado a

6.   Id., *L'Écriture comme un couteau. Entretien avec Frédéric-Yves Jeannet.* Paris: Stock, 2003, p. 102.

sua dívida para com Beauvoir, algum tempo antes, em um artigo dedicado principalmente a protestar contra a insuportável estupidez reacionária e autossatisfeita dos comentários feitos quando foram publicadas em livro as *Cartas a Nelson Algren*: «Sem dúvida alguma, eu não seria quem sou sem ela e sem a figura que ela representou ao longo de minha juventude e de meus anos de formação». Ernaux então volta a fazer uma comparação entre Beauvoir e a sua mãe: «E o fato de ela ter morrido oito dias depois da minha mãe, em 1986, é um sinal suplementar disso».[7]

O fato de terem falecido, uma após a outra, na mesma semana, foi para Ernaux «um sinal suplementar» do que tanto uma quanto a outra tinham sido para ela, chegando mesmo a dizer: uma com a outra, juntas. Ela sublinha no artigo, como antes fizera no início de *La Femme gelée* («O meu modelo é a minha mãe, e ela não se fazia de vítima por qualquer coisa»),[8] que: «Paradoxalmente, a imagem de uma mãe comerciante, ativa, gozando de poder e de liberdade, que desprezava as tarefas

---

7.   Id., «Le 'fil conducteur' qui me relie a Beauvoir», *Simone de Beauvoir Studies — «Beauvoir in the New Millennium»*, vol. 17, 2001, reimpresso em *Tra-Jectoires*, n. 3, 2006, pp. 109-16.

8.   Id., *La Femme gelée*. Paris: Gallimard, 1987, p. 33 (col. Folio).

domésticas e que estava convencida da necessidade de a mulher ser financeiramente independente, ao mesmo tempo escondeu de mim a realidade de como a sociedade funcionava, assim como impediu que eu me submetesse a essa realidade sem sofrimento. Os códigos maternos que eu tinha assimilado entravam em conflito com aqueles da sociedade»,[9] e ela conclui, no livro de entrevistas (depois de ter dito «Violência da minha mãe, gentileza do meu pai, os estereótipos masculino-feminino foram minados na minha experiência do mundo»): «De certa forma, o modelo materno e o texto beauvoiriano se juntaram, assentando em mim um feminismo vivo, que não se conceitualizava, eu diria, e que foi reforçado pelas condições nas quais eu abortei clandestinamente».[10] Estaria ela então predisposta, pelo que sua mãe tinha sido, a acolher a obra de Beauvoir como um manifesto político e intelectual dirigido a ela, como um convite à liberdade?

Trata-se aqui, sem dúvida, de uma visão retrospectiva, que tenta reconciliar duas realidades diferentes e mesmo opostas. É mais provável, na realidade, que o encontro com os livros de Beauvoir tenha representado um momento crucial no percurso que já tinha começado, e

9.   Id., «Le 'fil conducteur' qui me relie a Beauvoir», op. cit., pp. 111-2.

10.   Id., *L'Écriture comme un couteau*, op. cit., pp. 102-3.

continuaria, a afastá-la de seu meio social e de sua mãe. Ela não enfatizou, em inúmeras ocasiões, a submissão de seus pais, e particularmente de sua mãe, aos valores morais e religiosos, aos códigos sociais dos quais procurou se emancipar, tornando-se estudante e interessando-se pela literatura, pela filosofia, pelas discussões intelectuais e políticas? Assim, antes de se tornar o meio para uma reinterpretação e uma reapropriação, Beauvoir teria sido um dos vetores da desidentificação produzida pela ascensão social: ser uma estudante significava ler esse tipo de livro. A alegria da descoberta intelectual continha em si — talvez inconscientemente, ou melhor, implicitamente, pois isso não pode ser totalmente inconsciente, mesmo que não seja formulado de maneira clara por nós mesmos — o sentimento de dissociação da família e de uma transformação completa de si. Isso significa virar uma pessoa diferente do que éramos em nosso meio, e diferente da pessoa que estávamos destinados a ser, caso ali permanecêssemos. Sem que isso sequer tenha sido deliberado — embora também o tenha sido! —, ler Beauvoir, ser transformada pelo apelo de seus textos, era, ao mesmo tempo e inevitavelmente, desejar não se tornar o que sua mãe tinha sido. Também vivenciei esse tipo de inebriamento ambíguo ao ler certos textos: o prazer de se entregar a fortes emoções até então desconhecidas, conquistado contra tudo o que constituía a vida cotidiana na qual se estava anteriormente imerso. Os estudos, e o que eles permitem, nos separam de nosso mundo de origem quando este é separado do mundo da cultura — daquela que goza de legitimidade.

Isso porque a descoberta da cultura por aqueles que não tiveram acesso a ela desde a infância não se limita a uma mera iniciação a novos conhecimentos. Ela significa muitas vezes uma verdadeira conversão a uma espécie de religião secular que se adota com entusiasmo. Toda a relação com o mundo é então transformada, assim como a relação com os outros, com o tempo e com a vida social. Ela representa uma nova forma de perceber o que nos rodeia, uma nova maneira de ser e de pensar a si próprio.

*

Não faltam autores que tenham tratado sobre esse tempo da descoberta da cultura e das premissas de uma transformação quase total de si. A escritora Assia Djebar, por exemplo, no romance autobiográfico *Nulle part dans la maison de mon père* [Em nenhuma parte na casa de meu pai], reconstitui, chegando a transmitir uma impressão física, esses momentos maravilhosos de iniciação na literatura, quando faz ressoar para nós o estampido de uma sequência de palavras que ela ouviu um dia: «Beau de l'air»...[11]

Eu não saberia expressar a estranha emoção que provocam em mim as páginas em que ela relata seu encontro com a poesia. Ela é uma adolescente e a sua professora de francês lê em aula o poema «L'invitation au voyage» [O convite à viagem]: «Mon enfant, ma soeur, songe à la douceur [...]» [Minha pequena, minha irmã, pense na doçura]. A beleza desses versos e a sonoridade do nome do poeta que os escreveu, «Beau de l'air», Charles Baudelaire, anunciam-lhe, ou melhor, fazem-na querer inventar um futuro totalmente diferente daquele a que estava destinada.[12] O mistério daqueles sons até então desconhecidos e a novidade da linguagem que subitamente emergem no seu universo mental parecem conter a promessa de uma vida livre, como se talvez bastasse desejá-la ardentemente para que um dia ela se tornasse realidade.

Essa mesma sensação eu já senti de maneira quase idêntica. Mas descrevê-la está longe de ser algo simples! Como posso explicar hoje o que representaram para mim,

---

11. O sobrenome do poeta que em sua sonoridade encantou a escritora é formado pelas palavras «Beau», «de», «l'aire», que podem ser traduzidas em português como «Belo da área», «Belo do ar» ou «Belo da melodia». [N. T.]

12. Assia Djebar, *Nulle part dans la maison de mon père*. Arles: Actes Sud, 2010, pp. 115-22 (col. Babel).

no passado, os nomes dos autores que me atraíram antes mesmo de eu descobrir as suas obras? E a aura luminosa e quase mágica que emanava deles? Que fascínio senti ao começar — e por quê? Qual foi o gatilho? É aqui que mora o grande mistério, o que resiste e resistirá a qualquer análise — a me atrair para esse continente, desconhecido da minha família e do meu meio de origem, chamado (e, quando se habita esse continente, usamos sempre letra maiúscula!) «Cultura»? No seu ensaio sobre os «limiares» da literatura, Gérard Genette estudou muito bem tudo o que envolve o conteúdo de um livro, os estratos de significados que precedem o próprio texto e contribuem para moldar o olhar do leitor sobre ele — o que o autor denomina «paratexto». No início, claro, ele vai se interessar pelas instituições que são o «nome do autor» e o «título» que aparecem na capa dos livros. Ele reconstitui a sua história, descreve a sua função, repertoria as suas modalidades, mas os considera apenas na medida em que estão inscritos no objeto material que é o volume impresso.[13] No entanto, há outros limiares (devo dizer: tantos limites!), outros passos (tantos passos!) a superar antes de se encontrar diante do envoltório e da ornamentação do livro. Há texto antes do «paratexto». Vamos chamá-lo

13. Gérard Genette, *Seuils*. Paris: Seuil, 1987, pp. 38-96.

de «pré-texto». Para aqueles cuja infância e adolescência não transcorreram em um cenário social onde os livros tinham seu lugar, o que inicialmente caracteriza os nomes dos autores e os títulos de obras (de alguns deles, pelo menos) é que circulam no espaço público, e que se depara com eles por acaso, não nas capas duras, mas folheando um jornal popular, vendo televisão, ouvindo um professor ou um colega de turma pronunciá-los...

Lembro-me do efeito que esses nomes e títulos produziam em mim: brilhavam diante dos meus olhos como palavras mágicas, soavam aos meus ouvidos como senhas capazes de abrir as portas de mundos estrangeiros que uma fronteira invisível e intransponível tinha me impedido de visitar até então. Costumava repeti-los mentalmente depois de tê-los lido ou ouvido pela primeira vez: «Claude Lévi-Strauss» (eu tinha catorze ou quinze anos, um artigo no jornal regional mencionou *Tristes trópicos* apresentando-o como «o livro da moda entre os estudantes do Quartier Latin...»,[14] frase típica de um jornal de província e que obviamente não fazia o menor sentido, mas que na ocasião foi capaz de produzir em mim uma

14. Bairro central em Paris, onde se encontram as grandes escolas e universidades de renome, editoras e livrarias, e outros espaços de convívio acadêmico e cultural, sendo por isso um lugar de grande efervescência política e intelectual. [N. T.]

sensação estranha, que me deixou perplexo, de estar excluído dessas entidades míticas — «os estudantes do Quartier Latin», aqueles que leem livros «da moda» — e, ao mesmo tempo, a vontade, remota, informe e muito vaga, de fazer parte delas). O processo é cumulativo: como vim a descobrir posteriormente este ou aquele autor? Já não sei muito bem, mas quando se começa a se interessar pela literatura, pela filosofia... um nome puxa o outro. Começa-se a ler Duras, porque se viu o nome dela em uma petição — eu tinha dezesseis anos quando comprei o livro *Destruir, diz ela*, antes de correr para comprar tudo o que podia dela. Um posfácio, em uma edição de bolso, alude ao *Nouveau Roman*, e sentimos uma comichão para conhecer Sarraute, Beckett e depois... tantos outros. Na época, a internet não existia: só se podia confiar em si mesmo para passar a conhecer o que não se conhecia.

Logo eu ficaria deslumbrado com os textos de Marx e Trotski, cuja autobiografia, *Minha vida*, me transportou de modo que nunca mais deixei de amar a ideia de «revolução permanente», apesar de ter ficado sabendo pouco depois sobre a figura sinistra que ele se tornou (fiquei fascinado com uma frase imbecil usada em um artigo no mesmo jornal local para denunciar «um grupo de arruaceiros trotskistas» que tinha perturbado uma manifestação oficial. Imediatamente me identifiquei com eles — e desejei fazer parte do grupo, e isso sem dúvida alguma por causa daquela frase —, sem saber que um dia eu viria a ser, ao menos durante algum tempo, um deles). A política, sob a forma da militância em um grupo trotskista nos anos pós-68, entre os dezesseis e dezenove anos de idade, foi, portanto, para mim, uma das provedoras dos nomes de que eu iria me apropriar. A efervescência política desse período e a importância — ligada a ele — dos debates intelectuais, logo das figuras da vida intelectual, desempenharam um papel determinante no desvio de minha trajetória tanto escolar quanto familiar, ou ao menos em sua intensificação, visto que ela já tinha tomado forma.

Os «nomes» da literatura, da filosofia e do pensamento político estavam ligados uns aos outros — Duras e Lênin! —, formando um panteão com os seus deuses maiores e seus deuses menores. Eu estava simplesmente enfeitiçado.

Eles representavam para mim muito mais do que nomes que brilhavam perante os meus olhos fascinados! Eles eram símbolos esotéricos que me hipnotizavam e me convocavam para a iniciação em festividades que eu aliás nem imaginava muito bem o que eram, isso no tempo dos balbucios e das hesitações, nem o tipo de prazer que, pouco a pouco, me proporcionariam. Prazer ao qual eu me entregaria com fervor. Isso tudo me impressionava como também me inquietava um pouco (por onde começar? como conseguir ler tudo?), mas ao mesmo tempo eu sentia um entusiasmo voluntarista que nada podia desencorajar. Eu queria entrar naquele espaço, e devo confessar que isso me dava, mesmo antes de ter conseguido, a vertigem da superioridade, a felicidade da «distinção», não apenas em comparação com os meus colegas de turma — daí me veio sem dúvida essa arrogância da qual sempre tive dificuldade de me livrar —, mas principalmente em relação à minha família e ao meu meio de origem, e, nesse caso, tratava-se mais do prazer da diferenciação, da distância que assinala as premissas e as promessas da ascensão social. Não muito glorioso esse sentimento, reconheço. Mas talvez tenha sido necessário. Em todo caso, esta é a verdade do que aconteceu. Tenho a obrigação de contá-la.

No entanto, essa luz que a cultura difunde sobre aqueles que a alcançam e sobre aqueles que nela procuram e encontram os meios de certa emancipação, é apenas o avesso da violência sombria exercida pelo corte que exclui tantos indivíduos coletivamente do que aparece no discurso geral que o mundo social mantém sobre si mesmo — principalmente por meio de todos os dispositivos institucionais e das representações que a «elite» fornece de si e para si — como sendo o feito mais nobre, como o que deve ser buscado e alcançado. Somente muito mais tarde me seria possível pensar nessa função da cultura como vetor, por intermédio do sistema escolar, da perpetuação e legitimação da desigualdade social. Walter Benjamin — referindo-se aos ataques veementes lançados pelos intelectuais da extrema direita francesa, no início da década de 1930, contra André Gide, convertido ao comunismo e à defesa das massas exploradas — não hesita em falar de uma ligação consubstancial entre o fascismo e a cultura: «A formação do conceito de cultura parece pertencer a uma fase inicial do fascismo», escreve ele — por meio da qual o acesso reservado para os privilegiados a tudo o que pertence às obras da inteligência serve de justificativa para o desprezo social e para as formas mais nuas e cruas da dominação.[15] E, por mais que constatemos, quase diariamente, o quanto está vivo e forte, ainda hoje, esse elitismo cultural, esse fascismo da cultura (aliás, o ódio dirigido a Bourdieu, como também o foi antigamente a Gide, é um dos sintomas mais significativos disso), tendemos demasiadamente a enxergá-los como meros arrotos, detestáveis e repugnantes, certamente,

15. Walter Benjamin, «André Gide et son nouvel adversaire». In: Œuvres. Paris: Gallimard, 2000, tomo 3, pp. 152-69 (col. Folio).

mas isolados, soltos por ideólogos amargurados que se arvoram de «cultos» por defenderem a cultura contra o povo ignorante (e contra os imigrantes, obviamente, que não dominam a língua). Isso porque esquecemos muito facilmente que essas manifestações são apenas formas paroxísticas e patológicas daquilo que constitui o avesso político, quase banal e normal, de todas as celebrações litúrgicas da grandeza e da altivez culturais. É por isso que esse inebriamento do acesso à cultura, experimentado na adolescência, conduz frequentemente a uma certa desilusão, sempre que se tenta escapar do desprezo de classe ao qual a adesão ingênua e irrefletida aos valores estéticos — e ao estetismo — tantas vezes dá origem, além de atuar como sua justificativa.

Mais grave ainda do que isso: como não enfatizar o quanto essa entrada no meio cultural e intelectual exige de submissão a um conjunto de regras e de restrições leves, quando se começa a publicar (artigos, livros...). Exigências que não apenas se é obrigado a cumprir, mas que se cumprem com complacência, inclusive solicitando-as, pedindo por elas. Mesmo os mais recalcitrantes, os mais intransigentes dependem do julgamento dos outros e entram de livre e espontânea vontade nesse sistema de reconhecimento e vigilância uns dos outros, e vice-versa. Com a habitual crueldade de sua caneta dessacralizadora, usando palavras como «docilidade», Nathalie Sarraute retratou essa servidão voluntária exigida pelo meio literário, para poder fazer parte dele, de modo magnífico em seu romance *Entre la vie et la mort* [Entre a vida e a morte], no qual aborda a vida e a morte de um autor que, como autor, é aprisionado na teia de palavras que lhe foram dirigidas ou naquelas que foram ditas sobre ele, e das quais depende a sua existência ou o seu desaparecimento. A autora revela, um após outro, os estratos geológicos da realidade social de uma atividade sobre a qual em geral se afirma ser o lugar da liberdade incondicional, quando na verdade cada gesto que se faz ali é retido por uma densa e sedimentada rede de coerções e determinações impossíveis de ignorar, sob pena de ser expulso para além das fronteiras que definem a legitimidade profissional e, mesmo antes disso, sob pena de nem sequer ser possível ter acesso a ela. É importante sublinhar o poder sociológico da escrita de Sarraute, no sentido de uma análise dos sistemas e estruturas sociais que impõem o seu domínio por meio das observações trocadas nas conversas mais banais. Tanto que o mundo de liberdade a que se aspirava se revela como o lugar de um quase servilismo generalizado, mais ou menos adotado como modo de vida e interiorizado (o mundo do jornalismo ou o da universidade e da pesquisa também oferecem exemplos edificantes disso, nos quais se passa o tempo a aceitar exigências e injunções e, mais do que isso, a aceitar as regras do jogo). Entrar numa «profissão», em um meio, é inevitavelmente adaptar o próprio corpo e a própria mente às exigências explícitas ou tácitas de um mundo que existia antes de buscarmos conquistar nele um lugar, que nos é concedido desde que sob suas condições, obrigando-nos a seguir as sucessivas etapas de um percurso cheio de indicações precisas, que determinam os ritos e rituais pelos quais se deve passar, os hábitos e costumes que se devem adquirir, a fim de se tornar gradualmente aquele que exigirá dos recém-chegados o que lhe foi exigido quando entrou.

Mesmo aqueles que tentam resistir, na medida do possível, às normas que regem a filiação a uma atividade profissional, a uma corporação, a um ofício, devem, antes de mais nada, respeitar boa parte delas até certo ponto para poderem se beneficiar de seus meios de expressão, nos quais poderão buscar apoio. Essa docilidade inicial requerida — não se pode viver em um meio sem se apropriar das suas modalidades de funcionamento, nem que seja apenas na rotina da vida cotidiana, e consequentemente ser apropriado por elas — é, mais ou menos, o apoio indispensável a toda e qualquer indocilidade posterior. Mas seria de esperar que pelo menos aqueles que se consideram parte do «meio cultural» ou do «meio intelectual» nunca abandonassem a rebeldia, como o que realmente define, ou deveria definir, sua função social. Mas o que de fato prospera e domina, infelizmente, são o grau de enfeudação, a sede de poder, a busca dos reconhecimentos mais vãos, o oportunismo, o conformismo, o conservadorismo, o psitacismo que leva à repetição da doxa para ter a certeza de ser aplaudido... Enfim, todas essas atitudes, que são as mais contrárias àquilo de que um intelectual deveria se orgulhar. Aqueles que acabamos encontrando e frequentando nessas paragens são, com frequência, muito diferentes da imagem idealizada que havíamos formado a seu respeito, quando, ainda adolescentes ou estudantes, sonhávamos ser um deles! Há aqueles que são formidáveis, maravilhosos. Mas há tantos outros detestáveis (e isso para sermos educados). Muitas vezes, a decepção é cruel e deixa um gosto amargo.

*

O fato é que o fascínio exercido sobre mim por esses nomes, pelas obras literárias e filosóficas, e pelo mundo da literatura e do pensamento do qual eram uma metonímia, desempenharia um papel importante no que eu iria me tornar. Guiado por esse fascínio, fiz muitas escolhas que marcariam permanentemente minha vida — profissional e pessoal — e me levariam a estabelecer relação com vários daqueles autores que, aos olhos de minha juventude, contavam com uma aura de mistério e magia. Encontrei Simone de Beauvoir em duas ocasiões, que bastaram para que eu guardasse dela uma lembrança viva, em sua casa, perto de Montparnasse. Também encontrei Marguerite Duras, tanto em seu apartamento parisiense como em sua casa em Neauphle-le-Château. Claude Lévi-Strauss eu acabei conhecendo muito bem, pois fizemos um livro de entrevistas, no qual lhe perguntei sobre a sua vida, seu trabalho... Durante um ano e meio, visitei-o uma vez por semana. Em alguns desses encontros, a convite de sua esposa Monique, eu almoçava com eles depois da sessão de trabalho matinal. Eu passava uma semana com eles no campo, no final do verão. A primeira vez que o encontrei, fiquei quase paralisado pela timidez. Em função de quem ele era e por tudo que encarnava, obviamente, mas também porque eu tinha guardado na minha memória mais profunda e essencial aquela impressão de meu primeiro contato com seu nome. Continuei a vê-lo regularmente durante mais de vinte anos, e minha percepção inicial nunca se esvaneceu de meu espírito. Ele continuou sendo para mim o personagem mítico que havia sido há mais de quarenta anos, quando eu decidira venerá-lo mesmo sem nunca ter tido até então nenhum dos seus escritos nas minhas mãos. *Tristes trópicos*! Nunca mais poderei ver ou ouvir esse título sem que isso renove em mim a atração que ele exerceu no dia em que os meus olhos maravilhados o viram pela primeira vez, quando eu tentava imaginar o que poderia estar naquele livro que ele designava e que fora mencionado em termos tão ridículos naquele jornal que meus pais compravam.

É claro que o acesso progressivo à cultura — e a incerteza de si que experimenta todo aquele que ainda não é capaz de se localizar nela por não dominar os seus códigos desde o nascimento — levou o adolescente que eu era a vários erros de percepção: eu queria me interessar por tudo o que pertencesse à vida literária e intelectual, mas no começo eu era dependente das imagens que me foram dadas, seja por esse jornal regional a que me referi, seja pela televisão. Avizinhavam-se as figuras mais eminentes e as mais ineptas, em misturas que somente a mídia é capaz de promover, e o meu desejo de descobrir tudo me levou a escolhas disparatadas. Inscrevi-me, aos quinze anos de idade, na biblioteca municipal mais próxima do bairro suburbano onde eu morava, e lá eu procurava, sem saber ainda como distingui-los, literatura digna deste nome e romances de banca de jornal, filosofia séria e ensaios para programas de televisão.

Eu gostaria de insistir neste ponto: a alta cultura e a grande literatura representam poderosos vetores de desidentificação com a própria classe de origem, quando essa classe é uma daquelas vulgarmente designadas como «populares» — também uso esse termo, mas sei que todas as palavras são armadilhas e que o plural, aqui indispensável, tem apenas a função de eufemizar a violência que essa atribuição de inferioridade implica.

O acesso à cultura «legítima» marca o início da trajetória ascendente. E, consequentemente, do conflito, da «traição de classe». De certa forma, essa traição é inevitável. Ela não é o resultado de uma escolha. É antes o resultado de uma lenta, profunda e irremediável transformação do corpo e da mente (uma vez que se furta, por exemplo, aos trabalhos «manuais» e à sua dureza, às funções «subalternas» etc.). Trata-se de uma transformação que implica a cada nova etapa o aumento da distância em relação ao seu próprio meio de origem.

Essa distância é simbolizada, no caso de Assia Djebar, pela rejeição do véu, que marcará a sua entrada na vida adulta e se tornará um tema lancinante em toda a sua obra (uma vez que o ato de escrever implica, como sua condição de possibilidade, a decisão de não ser uma mulher enclausurada). Ela relata e comenta o seguinte

diálogo em outro texto autobiográfico, *L'Amour, la fantasia*
[O amor, a fantasia]:

> Por que sua filha ainda não usa o véu?, disse uma
> matrona de olhos contornados e desconfiados dirigin-
> do-se a minha mãe, durante uma festa de casamento. Eu
> devia ter treze, catorze anos, talvez.
> Ela lê!, respondeu minha mãe com firmeza. Insta-
> la-se aquele silêncio constrangedor, que se impõe a todo
> mundo. E meu próprio silêncio. «Ela lê» significa em
> árabe «ela estuda».[16]

Ela estuda... e em breve irá escrever. A aquisição
da cultura é o operador de sua emancipação pessoal.
Mas a cultura, para ela, é a língua e a cultura francesas:
portanto, não somente a cultura legítima e dominante,
mas, nesse caso também, a cultura do «inimigo». Ela terá
de enfrentar essa contradição. E teremos de enfrentá-la
com ela.

*

16. Assia Djebar, *L'Amour, la fantasia*. Paris: Le Livre de Poche, 2001, p. 254.

Associar a figura da sua mãe à de Beauvoir permite a Annie Ernaux afirmar duas identidades: uma que pode ser classificada como social — herdada e ao mesmo tempo reivindicada —, outra como intelectual e política — escolhida e afirmada aqui na sua relação com a primeira. O engajamento feminista e a vontade de escrever para «vingar a própria raça», ou seja, aquela dos econômica e socialmente dominados, são duas formas de combater a dominação. Isso não é evidente: nenhuma identidade dada constitui necessariamente um modo de autoafirmação política (se nascemos mulher, temos de virar feministas, por exemplo), e uma dupla identidade dada (ser mulher e provir da classe trabalhadora) não constitui necessariamente um modo duplo de autoafirmação política. A intersecção pode até já existir, mas a interseccionalidade tem de ser construída, ou seja, é preciso querer e de fato implementar a combinação, o agenciamento das múltiplas dimensões que definem o ser social. Isso é obviamente o que Ernaux busca fazer ao aproximar sua mãe de Beauvoir. No entanto, essa é uma tarefa árdua, já que vemos perfeitamente bem o quanto, apesar de seus esforços para nos convencer do contrário, os registros que ela quer ali reunir não apenas não coincidem necessariamente, como muitas vezes um deve ser adotado contra o outro, ou ao menos construído contra o outro.

E é muito provável que não seja possível anular o que pode muito bem ser um movimento perpétuo de divergência, que nenhuma ideia ou desejo de convergência poderia contrariar permanentemente. É isto que, no fundo, todos os textos de Ernaux testemunham: ela tem de reafirmar constantemente a convergência desejada, pois esta, sempre incerta, nunca é alcançada.

Eu também amei com paixão os livros de Beauvoir quando era adolescente, mesmo que, como para Annie Ernaux, seu nome, que mais tarde se tornaria para mim bastante familiar, tenha inicialmente me intimidado e desconcertado. Havia, por um lado, todo o prestígio que envolvia sua pessoa e seus livros, e a aproximação política que eu buscava construir a fim de me construir como jovem intelectual. Por outro lado, seu sobrenome revelava a origem aristocrática[17] que marcava toda a distância social que me separava dela e a colocava em um lugar distante, inacessível — a única pessoa que eu conhecia à época cujo patronímico se assemelhava àqueles de origem nobre era um garoto da minha sala, filho de um

---

17. A partícula «de» nos patronímicos franceses indica uma origem nobre. Chamada partícula «nobiliar», ela foi adotada no Antigo Regime por muitas famílias nobres geralmente para marcar a propriedade de uma senhoria. Muitas famílias burguesas imitaram esse movimento no século XVIII. [N. T.]

nobrezinho local. Esse garoto vivia proclamando em alto e bom som suas simpatias monarquistas e passava seu tempo a me tratar de «vermelho sujo», ao que eu retorquia chamando-o de «rato fascista». Mas, como sempre se dizia «Sartre e Beauvoir», sem a partícula, isto me permitiu superar meu embaraço e mergulhar em seus textos. Era um tempo político, e a política para mim e para muitos naquela ocasião se resumia a Sartre e Beauvoir. A política e, com ela, de maneira inseparável, a filosofia, o pensamento, a literatura, a vida intelectual, a vida parisiense... Ao me identificar com seus nomes, com suas obras, que então a meu ver eram uma coisa só, tudo isso me fascinava e me inebriava. Será que eu me arriscaria a dizer que eles e suas obras nunca deixaram de me fascinar e de me inebriar, apesar do que escrevi há pouco?

Por motivos de fácil compreensão (dada a idade que eu tinha e a época em questão), de início *O segundo sexo* não me despertou interesse. Só fui ler esse livro muito mais tarde, movido mais por um interesse intelectual e político do que pelo chamado de uma necessidade existencial. O que realmente me atraiu na época foram suas *Memórias*, que eu reli recentemente e que ainda considero cativantes, mesmo que a aura mitológica que as envolvia tenha se dissipado um pouco, e que me fascinava obviamente porque descreviam um mundo intelectual ao qual, ingênua e fervorosamente, eu aspirava a pertencer: um mundo no qual se escreve e se pensa. Também me atraíram seus romances, que hoje reconheço serem bem ruins, excetuando talvez *Os mandarins*. Naquela época, eu devorava um após o outro: *A convidada*, *O sangue dos outros*, *Todos os homens são mortais*... e até mesmo o execrável *As belas imagens*, de 1966, no qual Beauvoir estupidamente ataca Foucault, o que, naquele período do final dos anos 1960 e início dos anos 1970, quando eu estava entusiasmado com o existencialismo, me fez por algum tempo preferir manter certa distância da obra deste último, então acusado de negar o «homem» e a «história». Para mim, aquelas também foram «experiências de leitura», «revelações». Eu venerava Sartre, eu venerava Beauvoir. Eles me ajudaram a me libertar; eles me libertaram. Como esquecer tudo que lhes devemos? Como não expressar a nossa gratidão? Eu me sinto, tal como Ernaux, em um estado de revolta contra os imbecis que os atacam. Imaginem, por exemplo, o que representou para mim (e para tantos outros antes e depois de mim) a leitura de *Saint Genet*! Cada vez que abro meu antigo exemplar, comprado há quase quarenta anos, cheio de passagens que sublinhei naquelas primeiras leituras, com frases anotadas nas páginas em branco no início e no final do exemplar... eu reencontro o incrível entusiasmo que senti quando pela primeira vez li esse livro extenso, que marcou para sempre a minha vida. Sua releitura me faz voltar a ser aquele jovem tentando encontrar o próprio caminho. Eu devo tanto a esse livro! Eu devo tudo a esse livro! Em seu texto-balanço, em que passa a limpo parte de sua vida, intitulado *De Profundis*, Oscar Wilde fala da obra de Walter Pater, *O Renascimento — Estudos sobre arte e poesia*, que havia lido no seu primeiro semestre em Oxford, e que, escreve ele, «viria a ter uma influência tão estranha em toda a minha vida». Ele decifrou a charada — muito fácil de ser decifrada, é verdade — e extraiu a principal lição que Pater queria dar àqueles que o pudessem compreender: o gosto pela liberdade a ser construída e mantida contra a rigidez das filosofias conservadoras e da moral dominante. Para mim, *Saint Genet* (livro em que, aliás, Sartre aproxima Genet de Wilde, e portanto relaciona, por intermédio deste último, seguido por Gide, a estética da existência desenvolvida pelo autor do *Diário de um ladrão* à sua origem histórica situada em meio aos helenistas de Oxford durante a segunda metade do século XIX, logo, a Walter Pater), aquele livro extenso que eu tinha comprado na coleção «Soleil» da Gallimard, cujas capas duras eram envoltas por um tecido de uma bela cor vermelha, estupendo trabalho que introduziu na filosofia, com alarde, o tema da homossexualidade, desempenhou esse papel, no início dos meus estudos: foi o livro que dali em diante exerceria uma influência determinante na minha vida, como se fosse ao mesmo tempo um manual de sobrevivência e um guia para a invenção de mim mesmo. Bem mais tarde, os meus livros trariam a marca desses amores estudantis: as páginas que dedico à injúria, logo no início de meu livro *Reflexões sobre a questão gay*, e a primeira frase do livro, «No início, há a injúria», tiveram origem no que aprendi com a leitura de *Saint Genet*, no que compreendi graças à sua força teórica, e em particular graças às suas análises sobre o papel constitutivo da interpelação e da nomeação. Está tudo lá. Alguém diz a Genet: «Você é um ladrão»; e Genet se apropria desse nome, que foi jogado sobre ele como uma rede: «Eu serei o ladrão».

Nunca será demasiado enfatizar qual foi, e ainda é, a grandeza de Sartre e Beauvoir, a sua «eterna novidade», sobre a qual Deleuze falou tão bem. Seus livros constituíram os primeiros elementos e se tornaram as pedras angulares da «sentimenteca» que me propus a construir para mim mesmo. A forma como vejo o mundo foi, desde o momento em que os li, moldada pelo que aprendi com sua generosidade. Há poucos autores generosos, e poucos livros generosos, e o que sou hoje em dia vem em grande parte do que eles me deram, porque acreditavam poder dar algo aos seus leitores. Não ignoro nada de que foram acusados! Por vezes com razão, mas na maioria delas erroneamente (devemos rejeitar firmemente a imagem depreciativa que o neoconservadorismo militante tentou sobrepor à realidade do que esses intelectuais críticos foram, fizeram e disseram, uma vez que a batalha que aqui se trava é entre aqueles que ainda querem fazer com que as coisas se mexam e mudar o mundo, e todos aqueles defensores da ordem social e da ortodoxia intelectual, que trabalham no sentido contrário, para mantê-lo tal como é, ou melhor, tal como era. Os erros, os equívocos e os defeitos que podem ser atribuídos a Sartre e Beauvoir — e foram vários, em particular aqueles oriundos de suas adesões a organizações políticas — estão ligados ao fato de que eles queriam estar constantemente do lado dos oprimidos. O que deve ser criticado ou rejeitado em suas escolhas está intrinsecamente implicado naquilo que se deve continuar a elogiar nelas, o que torna muito difícil de separar uma coisa da outra. Muitas vezes, é necessário referir-se à intenção do gesto e não à letra do texto). Contudo, sinto em cada momento da minha vida os efeitos transformadores que os seus escritos produziram em mim. Basicamente, os autores que realmente importaram para mim, na minha vida, foram muito frequentemente os autores que me transmitiram algo justamente porque desejaram que suas abordagens se baseassem na preocupação com os outros («para quem escrevemos?» e «com que propósito?» são perguntas que Sartre nunca deixou de se fazer, e que ele enfrenta diretamente em «O que é a literatura?»).[18] Sim! Generosidade de Sartre, de Beauvoir, de Bourdieu, de Foucault... Que melhor caracterização poderíamos dar de suas obras e da razão que as inspirou? É por isso que para mim é muito importante insistir neste ponto: ao julgar a obra de um autor, quaisquer que sejam as críticas que consideremos necessário fazer, nunca podemos nos esquecer de levar em conta o que o autor desejou fazer no momento em que o fez. O que desejou dizer a todos aqueles para quem escreveu o que escreveu? De que lado estava quando tomou partido e se engajou nas lutas de sua época, e se em cada novo livro o que se buscou foi a força de um ato, a eficácia de uma ação? Qual era o seu objetivo estratégico, ou seja, a quem e a que o seu discurso pretendia se opor? O avesso desse enunciado seria igualmente verdadeiro, já que em geral os autores de que não gostamos são aqueles que nada fazem por nós, são aqueles que não nos ajudam, aqueles que nos desmobilizam, aqueles que nos paralisam (ou tentam nos paralisar),

18. Jean-Paul Sartre, «Qu'est-ce que la littérature?», op. cit. Sobre a questão crucial da destinação das obras, ver Geoffroy de Lagasnerie, *Logique de la création. Sur l'université, la vie intellectuelle et les conditions de l'innovation*. Paris: Fayard, 2011 (col. à venir).

são aqueles que nos sufocam. É talvez nesse sentido que devemos compreender a bela e concisa fórmula de Michel Leiris: «Direita: fria. Esquerda: quente». Como fiquei feliz em receber, após o lançamento de *Reflexões sobre a questão gay*, tantas cartas dizendo: «Você salvou a minha vida» ou «Você me permitiu viver melhor», e depois de lançar *Retorno a Reims*, tantas outras cartas que continham mais ou menos a mesma mensagem. Eu também tinha me tornado um autor generoso, cuja generosidade havia surtido efeito. Ocorreu-me definir a minha abordagem como uma ética e uma política da generosidade. Gosto muito dessa definição.[19]

2. As artimanhas do determinismo

Frequentemente são comparados os livros *Une femme*, de Ernaux, e *Uma morte muito suave*, de Beauvoir, em que ela relata os últimos meses de vida de sua mãe. A razão dessa comparação é óbvia, claro, quando se pretendem

---

19. Cf. Didier Eribon, «Politiques mineures: pour un nouvel *Anti-Œdipe*». In: *De la subversion. Droit, norme et politique*. Paris: Cartouche, 2010, p. 84.

comparar dois grandes textos da literatura autobiográfica contemporânea. Ela também é rica em ensinamentos: duas jovens que se tornaram escritoras relatam a agonia de suas mães e reconstituem, a partir do ponto-final, a vida que levaram essas mulheres, de quem tanto diferem. Estamos diante de dois «relatos» nos quais está implícito o movimento que levou duas filhas a se distanciarem radicalmente de quem eram seus pais — cujas posições sociais eram muito distintas —, a fim de se inventarem como intelectuais e assim chegarem a se assemelhar, apesar dos seus pontos de partida muito distantes. Mas, se consideramos as datas de nascimento e morte, não devemos comparar a mãe de Annie Ernaux com a mãe de Simone de Beauvoir — como facilmente nos sentimos tentados a fazer no espaço literário, comparando dois livros... —, mas com a própria Beauvoir. A mãe de Annie Ernaux nasceu em 1906 e morreu em 1986, Simone de Beauvoir nasceu em 1908 e morreu também em 1986, com alguns dias de diferença.

Ambas viveram no mesmo país, na mesma época. No entanto, é como se vivessem em planetas diferentes. Planetas? Círculos sociais, ou melhor, classes sociais, porque nesses casos é melhor evitar metáforas e empregar os termos que correspondem àquilo de que se trata na realidade. Não pude não refletir sobre isto: a mãe de

Annie Ernaux e Simone de Beauvoir viveram no mesmo período, separadas por uma distância geográfica de apenas 150 ou duzentos quilômetros, contudo a anos-luz de distância uma da outra, socialmente falando. Entendo que essa distância social não escapou a Ernaux, e essa é provavelmente a razão pela qual ela quis aproximar essas duas mulheres em uma mesma frase, em uma mesma homenagem, sublinhando o «paradoxo» dessa relação à distância, dessa conjunção da qual ela é o resultado, ou o produto, ao mesmo tempo que foi justamente ela que formulou essa conjunção retrospectivamente como tal...

Impõe-se a mim também essa evidência flagrante, não em relação à minha mãe, mas em relação às minhas duas avós, que também foram contemporâneas de Simone de Beauvoir. Uma nasceu em 1909, a outra em 1913. É em contraponto a seu livro *Memórias de uma moça bem-comportada* — em que escreve sobre a sua infância burguesa, a sua relação com a cultura e a leitura, as oportunidades de estudo —, e aos seguintes volumes de sua autobiografia, a saber, *A força da idade* e *A força das coisas* — em que escreve sobre a sua carreira intelectual e literária, a sua relação com a política, a possibilidade de ser uma mulher livre —, que a vida de minhas avós se tornaria mais clara e significativa para mim.

A vida delas? O que posso dizer a esse respeito? Para falar a verdade, sei muito pouco sobre elas. Elas não escreveram as suas memórias e nada resta da trama do dia a dia de sua vida. O que Peter Handke escreveu sobre sua mãe em *Bem-aventurada infelicidade*, «Ela era; ela foi; ela não foi nada»,[20] eu poderia escrever sobre minhas avós: elas eram; elas foram; elas não foram nada. Em todo caso, nada além do que foram no perímetro limitado de suas existências operárias. Delas, nada resta além das lembranças que permanecem na memória de seus filhos, e isso apenas enquanto eles ainda estiverem aqui para delas recordar, assim como as lembranças, muito mais fragmentárias e incertas, de seus netos. Sou um deles. Eu me pergunto: a quem é dado, se não o direito, mas mais simplesmente a possibilidade, ou a faculdade, de ter acesso à visibilidade, à legitimidade social de uma vida que mereça ser narrada como a de uma pessoa e não mais apenas como a de um elemento de um coletivo, seja lá qual for o nome que lhe seja dado, e mesmo que esse nome — mas esse nem é mais o caso! — pareça glorioso aos olhos de quem o emprega (o «Povo», a «Classe Trabalhadora»...)? A vida das pessoas «infames», de quem Foucault fala, lembrando-nos de que

20.   Peter Handke, *Le Malheur indifférent* [1975]. Paris: Gallimard, 1977, p. 52 (col. Folio).

elas só veem a luz quando têm a infelicidade de cruzar, em seu caminho, com a violência do poder que se abate sobre elas e que inscreve as coordenadas desse infeliz encontro no grande registro do controle social, registro administrativo e repressivo da desordem e dos desvios. Rapidamente esquecidos e enterrados debaixo da poeira dos arquivos, esses fragmentos de biografias só voltam à vida se um historiador, um dia, vier a redescobri-los. Mas e os outros? E todos os outros? Quem será o seu arquivista? Quem será o memorialista dessas trajetórias indocumentadas, isto é, sem identidade: a multidão formada por aqueles que a imprensa chama de «anônimos», homens e mulheres sem nomes porque sem qualidades — sociais? É justamente a afirmação obstinada dessa vontade que encontro em *O lugar*, em *La Honte*, em *Une femme*. Tornar-se, para salvá-los, a «arquivista» da tradição familiar e do saber que ali se transmitia, de maneira informal, de geração em geração. Mas aí também mora o sentimento resignado da autora de não poder ser «senão a arquivista», pois, uma vez que se transcreve em um livro essa transmissão, isso implica que aquele que escreve se tornou alguém externo a ela, alguém que pertence a outro mundo.[21] Ernaux também

---

21. Annie Ernaux, *Une femme*, op. cit., p. 26. Ver também a abordagem histórica e arquivística de Martine Sonnet, em seu livro *Atelier 62*, op. cit.

nos diz que o título de *O lugar* tinha sido, originalmente, *Elementos para uma etnologia familiar*. Em todo caso, como no *Bem-aventurada infelicidade*, de Handke, o projeto é de fato pintar a realidade dessas vidas, às quais se restitui a dignidade de sua singularidade, aquela dos trabalhos e dos dias, dos pensamentos e das emoções, que contêm seu quinhão de alegrias e desgraças, ao mesmo tempo que se inscrevem na lógica do mundo social que confere às significações individuais toda sua dimensão e todo seu sentido, enquanto as significações sociais se encarnam e se animam nos gestos e nas palavras dos indivíduos singulares.

Nenhuma de minhas avós leu *O segundo sexo*, é óbvio. Uma delas porque não sabia ler; a outra porque não lia livros: não tinha tempo, não tinha a formação necessária, era e tinha sido sempre uma operária. Também não tenho certeza de que tenham ouvido falar desse livro, que em outros círculos foi um verdadeiro acontecimento. De todo o alarde causado pela publicação de um livro, de todo o escândalo cujo eco ainda se faz sentir em uma memória denominada «coletiva», mas que não é a mesma para todos nem para todas, do choque que provocou e que as obras históricas relatam com fervor, nada chegou até elas. Nada. E se tenho certeza de alguma coisa é de que elas não eram feministas. As mulheres da classe trabalhadora — como as mulheres da alta burguesia, aliás — permaneceram, em grande medida, impermeáveis ao feminismo, que parece não as ter afetado, mesmo que, evidentemente, tenham se beneficiado dos direitos conquistados ao longo de décadas e de muitas lutas: o direito ao voto, muito tardiamente; depois, na geração seguinte, o direito ao aborto, à contracepção etc. Pergunto-me se elas ao menos conheceram a palavra «feminismo». E, se isso tivesse acontecido, é provável que uma delas o rejeitasse enfaticamente, e que a outra tivesse estabelecido uma relação ambígua e ambivalente com essa palavra, que teria lhe parecido muito acadêmica, o que a intimidaria. Pensaria que aquilo não era para ela. É quase certo que, se eu tivesse lhe perguntado algo a esse respeito, ela teria me respondido: «Você acha que eu tive tempo para me interessar por essas coisas?». Ambas encarnaram duas formas opostas de viver a vida de mulheres da classe trabalhadora. Sua forma de ser e de pensar, de se comportar e de agir, foi profundamente, fundamentalmente moldada e governada por sua origem de classe; mas, como é frequentemente o caso, a mesma origem social, uma posição semelhante no espaço social, podia comandar atitudes que, embora ancoradas em situações produzidas por determinismos sociais rigorosamente idênticos e inscritas em um *habitus* popular comum e em um *ethos* da classe trabalhadora, estavam no entanto muito distantes uma da outra, e mesmo opostas uma à outra. Convém insistir neste aspecto: o fato de que os efeitos gerados por um mesmo determinismo possam ser diferentes em duas pessoas diferentes não significa que o determinismo não exista ou que seja apenas secundário ou de importância relativa. É aqui que reside uma das grandes dificuldades da análise das formas de exercício das coerções sociais: elas não agem de forma unívoca e sua ação pode gerar reações divergentes, a submissão, a resistência... Há sempre várias respostas possíveis à mesma situação e às mesmas determinações, mas essas respostas, a forma como são implementadas e experimentadas, referem-se estritamente à constituição social dos *habitus* de classe.

Minha avó paterna teve o primeiro filho em 1929, o meu pai, que em breve se tornaria o filho mais velho de uma família numerosa. Ela ainda não tinha vinte anos de idade e estava casada havia apenas poucos meses. Ela fazia questão de dizer que seu filho nascera (muito) prematuramente. Não era muito crível! Ninguém acreditou nela, embora todos fingissem acreditar. E riram nas suas costas. A realidade era bem simples: minha avó tinha casado apressadamente com o jovem que ela estava «namorando», se empregarmos a palavra então usada para designar uma relação constante, com quem — mas isso era inconfessável para uma menina da sua idade — tinha ido um pouco mais longe do que a moralidade e a prudência permitiam. Será que eles se amavam? Será que tinham vislumbrado, ou será que queriam, viver muitos anos juntos, até que a morte de um deles, 35 anos depois, os separasse? Quem poderia dizer? Mas a regra social determinava ao rapaz «assumir a responsabilidade», e à moça, manter as aparências e com elas a «honra». Se o rapaz se recusasse a fazê-lo, a jovem seria imediatamente alçada ao estatuto altamente estigmatizado de «mãe solteira». O pavor dos pais era que suas filhas ficassem grávidas, e as meninas que engravidavam sentiam muita vergonha e tentavam esconder dos outros o fato de que tinham se comportado de forma tão repreensível; caso contrário, teriam de carregar o peso dessa repreensão durante muito tempo. Para os adolescentes, alguns momentos de prazer podiam sair muito caro. Tudo isso acontecia com frequência: desde o próprio fato — sexo antes ou fora do casamento — até sua reprovação, ou melhor, até a acusação injuriosa veiculada pelos mexericos e fofocas da vizinhança, e depois recordada ao longo de vários anos por meio de rumores maliciosos e zombeteiros. Isso era feito a tal ponto que poderíamos nos perguntar se uma das funções desse julgamento excessivo e severo de práticas amplamente partilhadas não seria justamente a de justificar essas práticas, denegrindo-as com base em valores declarados da ordem social, reconhecendo assim, publicamente, a sua existência. A ficção jurídica, moral, e portanto política — o casamento repararia um erro, e a criança seria considerada «prematura» — não apagava os episódios de desvio. Ao contrário, ela os confirmava e, assim, os legitimava. Não era raro que o direito operasse a mediação entre as práticas reais bastante livres e as regras rigorosas da moralidade sexual. Poderíamos dizer que esse é um caso específico da natureza «ficcional» do direito. O que acabava sendo ainda mais necessário, visto que é sempre mais fácil pregar a moralidade — especialmente para os outros — do que respeitar os seus preceitos. Por exemplo, no romance *Second Generation*, de Raymond Williams, um dos personagens femininos, que proíbe categoricamente a filha de ir passar uns dias de férias com o jovem com quem queria se casar, alegando que isso era impensável até que estivessem casados, ou — concede ela — pelo menos noivos, e portanto oficialmente comprometidos, acaba confessando à mãe do rapaz que ela mesma tinha engravidado de sua filha antes de ficar noiva.[22] Isso significa que é possível promover e tentar impor aos outros as regras contidas nos códigos de «boa conduta» sexual, mesmo que se tenham infringido essas regras. Não fazer o

22. Raymond Williams, *Second Generation* [1964]. Londres: Chatto and Windus, 1978.

que convém fazer, não ser o que convém ser, não impede em absoluto que se exija dos outros que sigam as regras e estejam em conformidade com as normas: a adesão à norma e a vontade de perpetuá-la não implicam, de modo algum, que se esteja em conformidade com ela. Não se conformar à regra quando se adere a ela e quando não há intenção de deixar de aderir (pois isso seria violar as leis tácitas que prevalecem no ambiente em que se vive e, assim, mais ou menos, excluir-se da comunidade cimentada por essas leis e pelo fato que elas são reconhecidas) suscita, ainda assim, um sentimento duradouro de vergonha e impõe o silêncio sobre um segredo que nunca é realmente um segredo — há sempre pessoas que sabem e que se valem desse conhecimento — a respeito de uma falha que é apenas uma falha porque se a reconhece e se a constitui como tal ao tentar ocultá-la.

Cheguei ao mundo 24 anos mais tarde. E, de tudo que consigo me lembrar voltando no tempo, recuperando algumas imagens, sempre vejo a minha avó como uma mulher envelhecida antes do tempo, como alguém que desistiu de prestar qualquer atenção a sua aparência. Ela usava sempre uma blusa de náilon, como se fosse um uniforme ligado ao seu trabalho de dona de casa, e parecia ter por horizonte apenas os limites do seu espaço doméstico, dentro do qual realizava um número incalculável de tarefas.

Ela tinha todas as características de uma mulher refém da ordem social. E defendia essa ordem como se tivesse sido ela a desejá-la, ou como se tivesse sido ela a instaurá-la. Não se tratava, em seu caso, apenas de uma lei da necessidade que lhe foi imposta e a que ela se submeteu sem pensar, essa lei do mundo tal como ele é, no qual o papel das mulheres e o dos homens são distribuídos de forma diferenciada e complementar... Não! Ela afirmava e reafirmava frequentemente tanto o caráter lógico quanto moral, ou simplesmente normal, natural, dessa lei (embora ela não fosse cristã e não soubesse nada de psicanálise): «Os homens são isto... as mulheres, aquilo...»; «os homens devem fazer isto... as mulheres, aquilo...». E dizia sobretudo frases como: «Não é o papel de um homem...» (lavar a louça ou cuidar das crianças, por exemplo), «não é lugar de mulher...» (frequentar bares, sair sozinha à noite...). Ela tinha trabalhado numa fábrica quando era jovem — dos catorze aos dezenove anos —, antes de ser obrigada a se casar. Uma vez casada, deixou definitivamente a fábrica e seu trabalho; desde então, seu trabalho consistiu em criar os filhos, que nasceram um após outro, quase anualmente, e isso durante cerca de quinze anos. Ela teve doze filhos. E, durante a vida inteira, sem interrupção, cuidou do filho que tinha deficiência mental (ele nasceu durante os bombardeios alemães de 1940), o que só reforça a impressão de ela ter sido uma refém de sua própria casa. Nas festas familiares, preparava as refeições, servia a mesa... Às vezes, um de seus filhos ou uma de suas filhas — sobretudo estas, que a ajudavam um pouco na hora de tirar a mesa e de lavar os pratos — dizia-lhe: «Mãe, senta um minutinho». Ao que ela respondia: «Sim, já vou», ou «sim, daqui a pouquinho», mas nunca o fazia, ou apenas por alguns instantes, como se se tratasse de um momento furtado, ou de uma concessão aos caprichos de sua família, antes de voltar ao que ela considerava ser sua prerrogativa, sua obrigação. O senso de dever, de seu dever, a intimava a não ficar parada, a não comer enquanto os outros se empanturravam. Ela repetia: «Ah, estou sem fome, belisquei enquanto preparava a comida». Nessas ocasiões, ela olhava para o seu mundo do alto de sua baixa estatura e parecia estar feliz. Ela estava feliz? Será que ela se fazia essa pergunta? Alguém algum dia se perguntou isso?

Imagino que ela não conheceu nenhum outro homem além de meu avô (nem antes dele, nem durante, nem depois). Para ela, ser mulher significava ser esposa e mãe. Depois, uma viúva. Nada mais. Tinha-se a impressão, ao vê-la passar, agitada, correndo de um lado para outro, de que ela desempenhava um papel que pretendia desempenhar com perfeição. Era como se ela planejasse ser quem ela de fato era. Tal como o garçom do café, a que

Sartre se referiu em *O ser e o nada*, que parecia brincar de ser garçom num café aos olhos dos outros. No caso dela, não era uma brincadeira! Ela não tinha a liberdade de parar quando quisesse. Ela era o que era, e o que tinha de ser. Ela assumia o seu papel e parecia orgulhosa de sua abnegação, orgulhosa de «nunca ter um segundo de folga», como repetia frequentemente. Aí estavam a sua dignidade e a sua razão de ser. Ela ignorava, e nem tentava deixar de ignorar, a existência de outras possibilidades, de outras formas de viver. Ou talvez não! Talvez ela não ignorasse nada disso! Mas condenava as mulheres — de seu entorno — que de alguma forma tentavam se libertar da escravidão doméstica, chamando-as de «preguiçosas», que não cuidavam da casa e da família como deveriam, ou de «vagabundas» passando de mão em mão, de um homem para outro, separando famílias estabelecidas...

Será que ela era de fato somente tal como eu a enxergava? Ou será que ela tinha amores imaginários, como o amor por um ator de cinema, ou por um vizinho que ela visse passar todos os dias ou de vez em quando? Não sei dizer. O que sei é que a sua abnegação diária não era algo leve e fácil, e que as discussões com seu marido podiam por vezes se tornar tempestuosas. Minha mãe me contou recentemente um episódio que me perturbou bastante. Quando eu lhe disse: «Tenho a impressão de que a avó Germaine foi alguém incapaz de se revoltar...», ela me interrompeu imediatamente, dizendo: «Nada disso! Você está enganado! Um dia, quando você era bem pequeno, você quase ficou com o rosto desfigurado... Entrei no quarto bem no momento em que ela atirou uma faca de cozinha na direção do seu avô, com tanta força que a faca ficou presa na porta, e isso a dez centímetros da sua cabeça». Uma faca? Atirada com tanta força no meu avô, seu marido? Teria ela explodido em função de todo o ressentimento acumulado, de suas queixas silenciosas, todas reunidas, desabafadas nesse gesto de violência e loucura??? Com certeza isso não acontecia com frequência. Uma coisa é certa, no entanto: a minha imagem dessa mulher se alterou totalmente desde o dia em que eu soube que ela era capaz de explodir dessa maneira. Ela se calava, se calava, se calava... e um dia sua raiva irrompia, como relâmpagos potentes e breves. Depois, a tempestade se acalmava e tudo voltava a ser como antes. A ordem se restaurava até a próxima vez. Para mim, isso parecia cena de cinema ou de teatro! Mas não! Era simplesmente a vida cotidiana! Com a sua rotina entrecortada por explosões de raiva e fúria. Contei em *Retorno a Reims* um incidente idêntico, que teve lugar muitos anos depois. Minha mãe atirou contra o meu pai o cabo do liquidificador elétrico que estava usando para fazer uma sopa. Os dois gestos são semelhantes demais para que evitemos vê-los como algo que ocorre na vida de casais heterossexuais duradouros — casais da classe trabalhadora, pelo menos —, e mesmo como um fato social. Se a dominação masculina organiza a estrutura das relações, e se a brutalidade dos homens — mesmo que seja apenas pela forma como eles ocupam os rígidos esquemas sociais de distribuição de funções e tarefas — é algo institucionalizado, uma regra que atua a todo momento, as súbitas e inesperadas circunstâncias de rebeldia feminina, ainda que raras, e por serem raras, não são menos reais e potencialmente perigosas para aqueles contra os quais esses efêmeros mas furiosos protestos se desencadeiam. Além disso, a regularidade desse tipo de revolta talvez seja parte integrante do sistema, um elemento necessário para o seu bom funcionamento: uma válvula de segurança. Seu papel seria o de garantir que tudo possa continuar como está, sem que nada mude. E é importante notar o quanto a adesão à ordem estabelecida — aquela que rege a vida cotidiana — suscita intermitentemente uma rejeição agressiva dessa mesma ordem. O que parece ser submissão contém as sementes da revolta, mas de uma revolta que não desafia as próprias condições da submissão, de uma revolta que coexiste com essas condições, que se manifesta no interior de seu esquema perpétuo. Essa mulher que ficou gritando durante alguns minutos a raiva que sentia em relação ao que ela vivia o tempo todo seria a primeira a se opor a uma mudança de fato radical. Ainda que não suportasse o fardo que recaía sobre ela em sua rotina — os trabalhos domésticos, a cozinha, as crianças... —, sei que ela teria achado um absurdo pedir ao seu marido para fazer a parte dele.

Richard Hoggart, em seu livro *As utilizações da cultura*, captou bem essa situação, assim como a relação consigo mesmo que ela implica, ao escrever que, para a maioria das «donas de casa»,

> os deveres domésticos muito depressa se tornam uma rotina na qual elas se fecham: é como se nada mais existisse a não ser o corre-corre da vida familiar que absorve as suas energias e inviabiliza toda e qualquer atenção que pudesse ser dirigida a si mesmas. A única coisa que resta, mal formulada, é o orgulho de saber que tantos e tantas coisas dependem delas.

Por isso ele acrescenta que uma jovem da classe trabalhadora se torna gradualmente a «mulher feita que, perto da meia-idade, tem uma 'presença' radiante no seio de seu lar e de sua família». Por conseguinte, «à sua maneira, ela é frequentemente feliz com a sua sorte: o marido pode muito bem ser o 'mestre', desde que não exagere; toda a família reconhece o valor e o mérito de uma 'boa mulher de família'».[23]

Minha outra avó, a mãe da minha mãe, encarnava uma versão muito diferente da «mulher do povo». Ela também foi operária, trabalhadora de fábrica; ela também, como eu disse, teve o seu primeiro filho quando era muito jovem, com apenas dezessete anos. Mas ela não se casou com seu namorado. E até mesmo o despachou muito rapidamente. Ela queria ser livre. Toda a sua vida ela lutou para poder ser livre. Ela viveu, na década de 1930, com outro homem, com quem teve mais filhos. Casou-se com ele em 1946, depois de o ter deixado várias vezes, mas particularmente durante o período da guerra, quando o abandonou, deixando para trás também seus filhos — um fardo para ela — em uma casa de acolhimento de crianças, e isso para ir trabalhar na Alemanha. Aliás, foi por essa razão que, ao final da guerra, na Liberação, ela teve seus cabelos raspados. Fez um aborto, após a guerra, por não querer se preocupar com mais outra criança. Também por isso foi punida: teve de cumprir pena de prisão por ter cometido tal «crime». De certa forma, ela poderia ser retratada como uma mulher emancipada, que gostaria de ter sido guiada apenas pelos seus desejos e

---

23. Richard Hoggart, *La Culture du pauvre*. Paris: Minuit, 1970, pp. 86-7.

prazeres, como se não existissem para ela nem as coações da maternidade indesejada — a maternidade como uma fatalidade e como um obstáculo —, nem aquelas derivadas das relações duradouras que mantinha com seus parceiros ou com seu marido — que ela não queria que fossem empecilhos ao seu desejo de ir aonde quisesse, de fazer o que quisesse —, nem mesmo os fardos do mundo social ou as tragédias que dilaceraram o século. Mas a liberdade não era algo fácil de ser vivido por uma mulher do povo. Conhecemos os insultos que Simone de Beauvoir recebeu quando publicou *O segundo sexo*. Ela os relatou em seu livro *A força das coisas*. Ela soube enfrentá-los com coragem e determinação. Mas me dou conta também de que o preço que ela teve de pagar — a detonação da misoginia, as piadas vulgares de homens questionados em seu sentimento de superioridade, os ataques agressivos das mulheres antifeministas —, que foi balanceado, em alguma medida, com o sucesso e prestígio que conquistou, não tem comparação com o que a minha avó foi obrigada a suportar. Uma operária emancipada? Havia mais de uma como ela, isso é certo! A representação burguesa da operária de fábrica como uma mulher «imoral» — ou seja, como uma mulher que gosta de viver livremente a sua sexualidade — não é totalmente infundada. Minha avó era uma delas. A imagem, no entanto, é sempre lida negativamente. E o retrato que se faz delas não é nada lisonjeiro. A glória, o brilho e o sucesso de uma — da intelectual engajada e audaciosa — tinham como seu avesso o descrédito das outras, daquelas por quem ela falava, mas que não tinham direito à voz: as operárias «desregradas» e «imorais». O que Simone de Beauvoir conseguiu fazer foi da maior importância. O que a minha avó tentou realizar não foi menos importante, mas ficou relegado ao silêncio e à solidão, ganhando alguma visibilidade apenas no tumulto da grande história mundial ou nos sobressaltos da pequena história policial. Ela se virou como pôde. Nunca desistiu de levar sua vida como bem entendesse. Para ela, isso significava uma luta por dia; uma perseverança que nunca deveria ser abandonada. Ela pensava em si mesma primeiro. Isso fez com que tomasse decisões questionáveis e realizasse ações detestáveis. Mas essa Beauvoir de bairro pobre pagou um preço bastante alto por sua determinação de não se submeter. Minha mãe, que tanto sofreu por ter representado uma vergonha para aquela que tão jovem, e sem ter desejado, a colocou no mundo, me disse um dia, numa frase que resume bem tanto a sua tristeza e o mal-estar nunca apaziguados quanto a sua incompreensão: «Não tive sorte na vida. Acho que sua avó era egoísta e cruel». Mas, se dispensarmos a psicologia, talvez seja mais correto pensar que elas foram, mãe e filha, joguetes da História: maltratadas pelas leis de uma condição social e de uma condição sexual que as superavam e moldavam suas existências, elas foram condenadas a viver no drama e no infortúnio. É isso mesmo, «foram condenadas», com agente indeterminado? Sim. De que outra forma se poderiam designar os responsáveis pelas regras que já não se sabe muito bem por que foram estabelecidas ou como funcionam? Embora as suas histórias sejam muito diferentes, posso ver algo da minha mãe, da sua angústia, de seu sofrimento, nos livros de Violette Leduc, que tratam das dificuldades, naquela época, de ser uma «bastarda», de não ser respeitada ou bem-vista por ninguém, carregando consigo todos os dias o sentimento de injustiça, de «asfixia» que derivava dessa situação, na medida em que a mulher que havia «pecado» passava para a criança indesejada todo o peso do «pecado» que tinha cometido. Que frase terrível minha mãe escolheu para começar a me contar a história de sua juventude: «Minha mãe nunca me deu a mão». Também não posso ficar indiferente, claro, à situação da minha avó: a mãe de uma «bastarda», que sufocou igualmente no ar rarefeito que o mundo social reservou para mulheres como ela, recriminadas por terem cometido um erro, e que por isso passavam a odiar o fruto daquele erro fatal, que tiveram de carregar consigo como um estigma de sua infâmia, como um castigo.[24]

«Foi por causa da maldição que lançaram contra a nossa família», disse a minha mãe, para me explicar por que ela nunca tinha sido capaz de ser feliz, antes de me contar a cena que relatei em *Retorno a Reims*, quando o seu avô, pai de sua mãe, expulsou de casa a jovem de dezessete anos, grávida, gritando: «Suma daqui com o seu bastardo! E que os dois vão para o inferno!». Mas essa cena da maldição não é algo isolado, que se poderia atribuir à atitude de um único indivíduo, por mais estúpido e obtuso que seja! Sua severidade repetia atitudes e declarações produzidas antes dele: suas palavras guardam um caráter de citação. O que sua voz exprimiu foi o tribunal invisível e sempre inacessível de que falou Kafka, aquele cujas sentenças não entendemos, mas sob o jugo das quais devemos viver: aquelas sentenças que não sabemos por que foram proferidas, mas que um dia descobrimos que nos precederam, que nos enredam, nos envolvem, nos acompanham, nos julgam e nos condenam sem nenhuma explicação. A sociedade como veredito.

---

24. Violette Leduc, *L'Asphyxie*. Paris: Gallimard, 1946; Id., *La Bâtarde*. Paris: Gallimard, 1964. Ver também Carlos Jansiti, *Violette Leduc. Biographie*. Paris: Grasset, 1999.

Curiosa imagem essa que os retratos justapostos das minhas duas avós constituem. Elas eram o mais dessemelhantes possível tendo vivido no mesmo tempo histórico, no mesmo espaço geográfico, na mesma situação social. No entanto, assemelhavam-se em muitos aspectos na sua luta diária contra a violência do mundo à sua volta. Elas estavam destinadas, desde o início, a perder o jogo, porque o adversário era muito forte ou, simplesmente, porque lhes faltavam as armas necessárias.

3. As condições da memória

Até pouco tempo atrás, eu poderia ter escrito sobre Simone de Beauvoir buscando apontar o papel decisivo que seus livros e sua personalidade pública desempenharam em minha vida, sem com isso estabelecer a mínima ligação entre ela e a minha mãe ou as minhas avós. A menos, talvez, que estas, ao contrário, tivessem permanecido secretamente presentes em meu espírito, como uma presença espectral que me acompanhasse sub-repticiamente, como o avesso rechaçado da imagem que eu fazia das mulheres intelectuais que comecei a admirar na adolescência, e depois também, Beauvoir, Sarraute, Duras... Admirar por suas obras, é claro, mas também, em muitos aspectos, pela simples razão de não serem como as minhas avós, nem como a minha mãe, e porque eu podia acreditar ou fingir acreditar — sem sequer me questionar — que esse meu fascínio por umas e meu distanciamento em relação às outras não tinham nada a ver com questões de classe. Aquelas intelectuais não pertenciam a essa casta detestável de mulheres «burguesas», já que eram filósofas ou romancistas e isso representava para mim um modo de ser de esquerda. Na verdade, presumi ingenuamente que um intelectual só podia ser de esquerda! E, mais ainda, que a cultura, como tal, era necessariamente de esquerda! Que enorme e estranha ilusão!! Que erro grosseiro!!! Talvez as minhas avós, no fundo, tenham sempre me acompanhado em minha busca literária e intelectual, mas sem deixar transparecer sua presença denegada, sua ausência tão avassaladora. Estou agora bem ciente de que o acesso à cultura, e o entusiasmo e frenesi com que me entreguei aos prazeres que ela me proporcionou, representaram para mim um poderoso fator de desidentificação social. E seria inútil acreditar ser possível retroceder no tempo.

Uma razão simples para isso é que para mim é impossível saber quem foram de fato meus avôs, quem foram minhas avós, e isso sem mencionar os meus outros antepassados, meus bisavôs e bisavós, que os precederam. Não posso ter a sensação de ouvir o som abafado das suas vozes, dos seus passos, das suas vidas nos lugares onde viveram ou nos documentos que deixaram para trás! Eles não tinham casas para deixar aos seus herdeiros, portanto não havia documentos a serem descobertos nas gavetas ou no fundo de um armário, como ocorre com as famílias burguesas. Tudo isso que implica um patrimônio acumulado, como vemos na série de romances com forte caráter autobiográfico de Claude Simon, em que ele explora seu próprio passado: *Histoire* [História], *As geórgicas* ou *L'Acacia* [A acácia]. Seus leitores hão de lembrar que, no início de *Histoire*, ele (ou seu narrador) está sentado à noite na sala de estar da antiga casa da família, quando pensa ouvir, no murmúrio dos ramos de uma árvore ancestral, cujas folhas, sacudidas pelo vento, quase encostam na janela, em meio ao burburinho dos pássaros que ali se escondem, os suspiros abafados, o eco distante, tornado um mero sussurro, das conversas de sua avó — com quem ele vivia — com as amigas que ela recebia em casa: «Como se ainda estivessem lá, misteriosas e lamentosas, na velha casa deteriorada, com os seus cômodos agora meio vazios, em que não mais flutuavam os aromas das colônias de banho das senhoras idosas que vinham visitar, mas sim um cheiro forte de bolor». Outro personagem indispensável de sua narrativa, e que está sempre presente nas cenas recordadas, diz «poder ouvir no silêncio o barulho dos passos mancos da velha criada atravessando a casa vazia, abrindo a porta do salão, avançando com a sua cabeça de medusa e lançando com uma voz furiosa e como que escandalizada nomes com sons medievais, precedidos dos títulos de generais ou marquesas...».[25] Todos os detalhes dessa evocação indicam a inscrição desse mundo desaparecido na aristocracia e na alta burguesia das províncias. Do mesmo modo, quando, em *As geórgicas*, o autor recorda a sala, rodeada de quadros pendurados nas paredes, em que a sua avó fazia jantares e festas, com os

> seus hóspedes, os jogadores de *bridge*, os filhos silenciosos contemplados pela assembleia de antepassados imóveis em suas molduras douradas e talhadas, como se, do outro lado das paredes, vagasse, numa espécie de plataforma, de galeria, a multidão numerosa dos mortos, dos quais pensaríamos estar escutando o silencioso cochicho, o discreto ruído do cetim das saias esbarrando umas nas outras, o abano dos leques, a inumerável turba de progenitores masculinos e femininos, [...] ressuscitados,

25. Claude Simon, *Histoire*. Paris: Minuit, 1967, pp. 10-1.

convocados para uma noite, como se fossem os convidados para um baile de máscaras, fantasiados elegantemente de caçadores de cervos, poetas hugoanos ou sóbrios velhos com barbicha imperial, parando, contemplando abaixo deles, vagamente surpresos, vagamente impressionados (ou apenas inexpressivos), os últimos produtos de seus acasalamentos e de suas alianças em torno da última herdeira do sobrenome da família.[26]

É obviamente a todo um meio social que ele conseguiu dar vida. Um meio em que o passado se sobrepõe ao presente, o assombra, o molda, e em que o presente só é animado em virtude da ligação com o passado distante da história da família, com o status social desta, recordado nos personagens que estão pintados, e que parecem contemplar e julgar os seus descendentes.

Quando escreveu esse texto, Simon (o Simon que narra o livro, pelo menos) vivia na casa onde tiveram lugar as cenas de sua infância, que ele relata tanto com a meticulosidade de um historiador preocupado com os contornos gerais e os pormenores, quanto com o olhar de um sociólogo atento às significações sociais e políticas. No entanto, não posso deixar de me perguntar: no momento

26.   Id., *Les Géorgiques*. Paris: Minuit, 1981, p. 198.

em que tudo isso lhe ocorreu, e quando ele concebe essas reconstruções que são também análises, onde estão os netos da criada idosa e manca? E que memória teriam desse passado que também é deles, já que a sua avó estava ali igualmente presente, mas sem os seus amigos, sem os fatos e gestos da sua existência cotidiana, a não ser aqueles ligados à sua função servil? Eu poderia apostar que, se quisesse fazer a minha árvore genealógica, provavelmente iria encontrá-la do lado dessa velha mulher cansada que parece não ter outra «qualidade», outra personalidade, a não ser a de estar vinculada ao serviço de uma família da «boa sociedade». Mas dela, precisamente, quase nada é conhecido e quase nada é dito.

Permitam-me dar um exemplo disso. Tendo lido *Retorno a Reims*, uma estudante que começava uma tese sobre as mulheres que se engajaram no «trabalho cívico» na Alemanha (aprendi nessa ocasião que este era o nome oficial) durante a Segunda Guerra Mundial, e sobre as suas vidas e trajetórias antes e depois desse tempo, escreveu-me para perguntar se seria possível ter acesso aos papéis de minha avó materna, cujo destino durante a Liberação eu relatei no livro. Perguntei a minha mãe se ela os tinha guardado: «Não, eu não estava lá quando ela morreu ou quando o seu quarto foi esvaziado na casa de repouso para idosos. Acho que a minha irmã jogou tudo fora. O que mais a gente poderia fazer?».

Ausência de documentos, portanto. E, seja como for, de que tipo seriam? Nenhum diário, isso é certo! E com certeza nenhuma carta, dessas guardadas e protegidas das sucessivas mudanças de residência e das vicissitudes da vida. Algumas fotos, talvez? Alguns recortes de jornais ou revistas? Alguns cartões-postais? Só posso especular, com base em hipóteses muito incertas. Não tenho acesso a essa memória familiar, da qual chegaram a mim apenas alguns fragmentos, por relatos orais, muitas vezes imprecisos e por vezes permeados de contradições. Nem por aqui, nem por ali. Não importa. Por mais que eu tente recuar no tempo, é impossível ir muito longe. Eu conheci, do outro lado da minha família, a minha bisavó e o meu bisavô (os avós paternos de meu pai, de onde vem meu sobrenome: Eribon). Eles me pareciam muito velhos quando eu era criança. Ele era um aposentado de guerra (ficou inválido depois de ter sido gravemente ferido na Primeira Guerra Mundial). Ela tinha trabalhado nas caves de champanhe da região, mas isso foi antes de eu ter nascido, claro. E isso é mais ou menos tudo o que sei deles.

Há pouco tempo, por medo de ficar sozinha e afastada da cidade, minha mãe se mudou de Muizon para novamente se estabelecer em Reims. Em função da mudança, ela encontrou, no fundo de uma caixa, um envelope com papéis guardados pelo meu pai: «Não sabia que ele tinha guardado isso... Se estiver interessado, você pode levá-los da próxima vez que vier». Se eu estiver interessado? Claro que eu estava! Isso até me intrigou: o que é que eu ia descobrir sobre o passado do meu pai? Sobre esse lado da minha família? Fiquei muito desapontado: o envelope continha apenas orçamentos e faturas do funeral da sua mãe e da sua avó (uma vez que, como filho mais velho, ele acabou sendo o responsável por isso), o documento de invalidez do seu avô e uma carteira de identidade da sua mãe (que me permitiu corrigir a sua data de nascimento e a idade com que ela morreu). E foi tudo.

Com isso, tive a confirmação: as famílias pobres, de trabalhadores, não dispõem de memória. Hoggart já tinha salientado isso. Tudo o que lhe tinha sido transmitido de seus pais se resumia a alguns objetos que lhes pertenceram ou que lhes concerniam, e dos quais ele fornece a lista: «Um livro de orações, um relógio enferrujado sem ponteiros, uma medalha de serviços prestados à nação de 1914 a 1915, uma medalha comemorativa com a inscrição 'A Grande Guerra pela Civilização, 1914-1919', a placa de identidade do meu pai, mais duas ou três fotografias de um ou do outro».[27]

E isso quase não mudou. Quando Martine Sonnet usa documentos para apoiar o relato que faz da vida de seus pais, é o contrato de trabalho do seu pai na oficina de forja da fábrica da Renault ou o «certificado de experiência profissional», elaborado cinco anos mais tarde, quando foi promovido do estatuto de OE para o de OP (de operário especializado, o nível mais baixo, a operário profissional, a elite operária). Os arquivos dela são os documentos do seu pai e os da sua mãe, ou seja, das pessoas que conheceu, com quem viveu... Isso é o mais longe que é possível ir. No máximo, ela pode ficar sabendo de alguns detalhes sobre a vida deles antes de ela ter nascido. Mas quem eram eles? De onde vinham? E os pais deles? Não teremos nenhuma resposta nem saberemos mais nada sobre eles pela — provável — razão de que ela mesma desconhece.[28] No fim das contas, uma criança não sabe muita coisa sobre os seus pais, sobre a sua família. Somente uma investigação paciente nos permite saber aquilo que não ficamos sabendo apenas por meio do contato direto e imediato das relações intrafamiliares.

27. Hoggart, *33 Newport Street*, op. cit., pp. 78-9.

28. Sonnet, *Atelier 62*, op. cit., pp. 19-20.

Mas essa busca esbarra, muito rapidamente, exceto para as classes dominantes, em uma série de obstáculos: a ausência de materiais documentais e de rastros inscritos nos bens imóveis.

Lembro-me de que um dia, em uma dessas festas que a frequentação do mundo gay proporciona — nas quais não raro se tem a oportunidade de conviver com pessoas de diferentes classes sociais —, alguém me sussurrou em um tom próximo do êxtase místico, ao me apresentar a uma mulher cujo nome, antigo e de origem nobre, aparece nas *Memórias* de Saint-Simon: «A família dela remonta ao século XII». Eu estava descobrindo, naquela época, a que ponto os sobrenomes e os nomes, enfim, a ascendência, definem o que somos em cada instante de nossa vida, independentemente do que fizemos e alcançamos. É uma identidade social multigeracional que levamos conosco para onde quer que vamos, e que nos é lembrada e imposta pela forma como outros se referem à sua própria, como a proclamam, a ostentam, para dizer quem você é dizendo-lhe quem você não é. Respondi com uma gargalhada a meu interlocutor, que ficou atônito: «A minha família também!». Não pude conter essa resposta. No entanto, pensando bem nisso, não é verdade: não posso rastrear a minha família para além de duas ou três gerações, enquanto aqueles que têm um «sobrenome» (o «sobrenome do pai», aqui como base de um poder mágico, ligado de uma ponta a outra às instituições sociais e políticas tais como são transmitidas pela História e suas permanências, mesmo que apenas mentalmente) têm a possibilidade de fantasiar a sua inscrição numa linhagem genealógica, cuja árvore tem ramificações que se estendem até o fim dos tempos, uma vez que se fala deles nos livros e que, sem dúvida, muitos lugares, objetos e documentos existem para atestar essa antiguidade da família.

A fim de conhecer o outro lado da história, poderíamos comparar as recordações de Claude Simon do meio em que passou sua infância (a sua avó, o tio que o criou, e depois o internato do colégio Stanislas, em Paris, entre as crianças da grande burguesia católica) com as páginas em que Richard Hoggart relata a sua juventude, mais ou menos contemporânea à de Simon, embora em outro país, mas sobretudo em outra parte do mundo social, a da classe operária inglesa. Acolhido por sua avó depois da morte de sua mãe, Hoggart descreve o local em que passou a infância como uma casa situada no fim de uma rua em que se alinhavam fileiras de casas idênticas, coladas umas nas outras. Nessa casa vivia a mulher que, dos dez ou onze anos até o seu casamento, tinha «trabalhado como empregada doméstica» para uma «família de grandes proprietários de terra» em Boston Spa, «uma pequena e luxuosa aldeia a poucos quilômetros de Leeds». Ele nos conta:

> Eu tinha sete ou oito anos de idade quando fui viver com a minha avó, logo após a morte de nossa mãe. Já havia três pessoas na casa da Newport Street, a avó, Annie e o seu irmão Walter. Logo viramos cinco, quando a tia Ethel deixou o seu trabalho em Huddersfield, cerca de dezesseis milhas adiante, perto dos montes Peninos. Pouco depois, viramos seis, quando uma prima veio de Sheffield. Embora na parte de baixo da casa houvesse apenas uma sala de estar, não me lembro de achar que a casa fosse pequena e a sala apertada. Naquela idade, o cômodo parecia suficientemente grande. Ele dava diretamente para a rua. Atrás dele, havia um anexo da cozinha, estreito como uma fenda, que se abria para o quintal. [...] No andar superior da casa de número 33 havia dois quartos, um acima da sala de estar, outro acima do anexo da cozinha.

Talvez não seja de todo inútil esclarecer, especialmente para aqueles que poderão se ofender com esta comparação entre a obra do escritor francês (que considero um dos maiores escritores franceses da segunda metade do século XX) e a autobiografia do sociólogo britânico (por quem, ao contrário, estou longe de compartilhar a admiração sem reservas que lhe dedica a corporação dos sociólogos franceses), que eu não pretendo obviamente «reduzir» a obra de Simon a um conjunto de descrições históricas e sociais (o que no entanto ela contém). Dito isso, observei em várias ocasiões que as determinações de pureza na produção romanesca e nas regras autônomas do espaço literário são muito menos frequentes e enfáticas quando se trata de obras que falam das classes trabalhadoras ou de outras categorias dominadas. Ninguém me censuraria ou criticaria se eu tivesse comparado, por exemplo, com Annie Ernaux ou com Toni Morrison, porque, nesses casos, o estilo, a invenção formal, o trabalho de construção, os detalhes da escrita etc. tenderiam a ser ignorados, e apenas o aspecto «documental» de seus livros seria considerado. Como se fossem meros «testemunhos». É por isso que corremos sempre o risco, quando insistimos na força sociológica ou política dos livros que se interessam pelos mundos dominados, de limitá-los a esse viés, restringindo com isso a sua dimensão e alcance literários. E é por isso que é preciso insistir, tanto em relação a Ernaux (ou Morrison) quanto em relação a Simon, que a minha abordagem aqui não é a de um crítico literário, e que a força da obra, em sua condição de obra, não se limita ao material que recebe uma forma. Afinal, a forma que torna possível reconstruir esses materiais é tão importante, claro, quanto o material que por meio dela se reconstrói... Eu poderia citar Mahmoud Darwich, que, querendo evitar ser definido apenas como o «poeta da Palestina», declarou que se recusava a «ser confinado nesta denominação», distinguindo, porém, aqueles que o qualificavam dessa forma, dizendo que alguns «o fazem inocentemente, já que são solidários com o povo palestino e acreditam que estão honrando a minha poesia ao identificá-la com a causa deste povo», e outros, que são os «críticos literários perversos que procuram despojar o poeta palestino de seus atributos poéticos e reduzi-lo a mera testemunha». Ele ainda acrescenta: «É fato que sou palestino, um poeta palestino, mas não aceito ser definido apenas como o poeta da causa palestina, rejeito que se fale da minha poesia nesse contexto, como se eu fosse o historiador, em verso, da Palestina». Isso não o impede, quando lhe solicitam comparar a literatura israelense e a palestina, de insistir também na dimensão política da escrita, portanto, na batalha que tem lugar no campo cultural e linguístico: «De fato, empreendemos nossas lutas na língua, uns contra os outros, pela apropriação do lugar». Ele chega ao ponto de perguntar sobre o papel crucial da afirmação literária da identidade na legitimação do combate que se dá: «Um povo sem poetas seria condenado a ser dominado?».[29]

Estou bem ciente dessa tensão permanente, da dificuldade e até mesmo do perigo de dissociar os dois registros, de privilegiar um em detrimento do outro. Mas posso, pelo menos no contexto deste ensaio, optar por me concentrar principalmente no que os livros dizem, e não na maneira como o fazem, ou, mais precisamente, no que é dito nesses livros por meio da maneira como eles o dizem (pois, muitas vezes, a forma é o que é necessário inventar para expressar, recriar, ou talvez criar, este ou aquele conteúdo específico). O conteúdo social e político, mais do que o gesto estético que o efetua, é o que outorga valor a esses livros, ao mesmo tempo que os justifica.

As moradias da classe trabalhadora que Hoggart descreve em seu livro não poderiam ser lugares em que cada um se inscrevesse na longa duração da memória familiar e histórica, na medida em que não são habitações ocupadas de geração a geração e, portanto, não são espaços em que os indícios de diferentes camadas do passado estariam depositados. A memória das famílias da classe trabalhadora limita-se, assim, às lembranças e

29. Mahmoud Darwich, *Entretiens sur la poésie*. Arles: Actes Sud, 2006, pp. 16-7, 65-8.

objetos pessoais e ao que foi transmitido oralmente pelos pais ou avós:

Que memórias sua avó poderia ter de seus próprios pais em Boston Spa, de seus avós que tinham vivido as fases finais das guerras napoleônicas e os problemas da década de 1830? Ela não tinha nenhuma noção da perspectiva histórica. E como poderia ter? Para ela, não havia nenhum conhecimento do passado a não ser aquele que estava contido nos rincões da memória das pessoas da sua geração. Além do que é transmitido oralmente, as classes trabalhadoras não têm quase nenhuma noção de sua própria história. E o que sabem dela se apresenta em geral de maneira solta, confusa e que é rapidamente perdida quando remontam a anos que não viveram nem registraram. Se bem que, quando as pessoas como eu ouvem pela primeira vez a esposa de um colega dizer: «Ah sim, este móvel pertenceu à minha mãe, que o herdou de sua mãe», elas sentem como se o tempo se deslocasse horizontalmente, para trás, de uma forma estranha que nunca experimentaram por si próprias. Para os trabalhadores, três gerações, no máximo quatro, e isso quando ainda há membros vivos, a evocação ocasional de um rosto (aquela tia bonita que morreu jovem), alguns pequenos objetos, uma anedota ou duas: isso é normalmente tudo que sabem de seu passado.[30]

A situação é bastante diferente nas famílias aristocráticas ou burguesas. Isso pode ser visto, por exemplo, quando o narrador ou personagem central do livro *As geórgicas* (o duplo de Simon) utiliza os arquivos, descobertos em uma parede da enorme casa de sua família, onde viveu quando criança e depois como adulto, após a Segunda Guerra Mundial, e que pertenciam a um de seus antepassados, um oficial da pequena nobreza provincial que — deputado na Convenção e depois general do exército francês durante a Revolução, e então novamente durante o Império — conduziu a guerra no norte da França, no mesmo lugar onde Simon, um século e meio depois, em 1940, se encontrará montado em um cavalo, marchando no frio glacial e indo ao encontro do inimigo, nessa mesma zona onde o seu próprio pai tinha sido morto com um tiro na testa em 1914, quando o futuro escritor tinha apenas um ano de idade. É como se a sua história familiar se confundisse com a própria História, em uma espécie de retorno cíclico de estações, nascimentos e batalhas. E esse sentimento de continuidade quase

---

30. Hoggart, *33 Newport Street*, op. cit., pp. 39-41, 55, 41-2.

biológica — o eterno retorno da vida vegetal, animal e humana — se concretiza para o narrador pela permanência atemporal representada pela casa — que aliás se escreve com letra maiúscula: a Casa —, como testemunha da linhagem e como suporte, tanto material e simbólico quanto físico e mental, da árvore genealógica.[31]

Annie Ernaux usa palavras muito duras contra Claude Simon. Compreendo isso perfeitamente. Eu, que tanto admirei (e ainda admiro) esse autor de *A estrada de Flandres* e de *Palace* — livros que releio, ano após ano, com o mesmo fervor e frenesi, livros que no passado tanto me impressionaram, que tanto me obcecaram —, percebo, todavia, e muito claramente, por que ela se sente agredida pelo caráter despolitizado de sua concepção da literatura e de sua visão da História. Simon construiu o seu projeto de escrita contra o Realismo e o Naturalismo e, sobretudo, contra a ideia de «literatura engajada». «Não mais demonstrar, mas sim mostrar», declara em seu *Discours de Stockholm* [Discurso de Estocolmo], pronunciado na ocasião da entrega do prêmio Nobel que lhe foi outorgado em 1985. «Não mais reproduzir, mas produzir; não mais

---

31. Talvez aqui pudéssemos encontrar o equivalente, no mundo rural, de tal relação com a casa de família, transmitida de geração a geração. Com a diferença de que nesse caso haveria pouca chance de nela serem encontrados papéis escondidos por algum antepassado general.

exprimir, mas descobrir.»[32] É daí que advêm seus ataques reiterados — e também raivosos e ininteligentes — contra Sartre e sua maneira de conceber o papel da atividade literária e os deveres ou a responsabilidade do escritor.

Incomodada ao ler o livro de Simon, *L'Invitation* [O convite], em que ele narra a viagem que realizou à URSS logo após ter recebido o Nobel,[33] Ernaux recusa com veemência essa «literatura espelho dela mesma, que se distancia dos fenômenos históricos e sociais ou que os desrealiza para que não possam mais afetar ou perturbar», e protesta:

> Não compreendo esse tipo de literatura, que é para mim quase insuportável. Sem dúvida porque, na adolescência, se a literatura contribuiu para me distanciar de algum modo de meu meio de origem, no qual as pessoas não liam, ela também foi o instrumento que permitiu que eu tomasse consciência; ela funcionou como uma porta que escancarou problemas insuspeitos para mim até então. [...] Com ela, coisas que eram difíceis de viver, coisas para mim ainda sem nome — e não apenas no âmbito

32. Claude Simon, *Discours de Stockholm*. Paris: Minuit, 1986.

33. Id., *L'Invitation*. Paris: Minuit, 1987.

social —, tornaram-se menos complicadas de serem descritas e nomeadas. A literatura me transformou.[34]

Por mais estranho que pareça, esse foi exatamente o efeito que a leitura de Simon produziu em mim quando eu era estudante (se eu deixar de lado a minha paixão, naquele momento — por uma questão de «distinção» —, por tudo o que então ainda compunha a modernidade literária, quando eu o descobri e o li). Isso porque a abordagem de Simon, que visa mostrar (e não demonstrar) e produzir (e não reproduzir), é ela também rica em lições e suscita muitos afetos. Diferentemente da forma como apresentou o conteúdo de sua obra, ela — assim como a de Proust, de quem aliás ele era grande admirador — está cheia de reflexões teóricas, de caracterizações sociais, de observações políticas... Por mais que seus comentadores repitam que não se trata estritamente de uma obra autobiográfica, afirmando que a memória a que ele dá forma literária em sua escrita não existia previamente a esse trabalho literário, mas emergiu e se organizou no próprio movimento deste (mas, no fim das contas, não é exatamente isso que caracteriza toda obra autobiográfica, a ponto de Christa

34. Annie Ernaux, «Littérature et politique», *Nouvelles Nouvelles*, verão de 1989, n. 15, pp. 100-3, reimpresso em *Tra-Jectoires*, n. 3, 2006, pp. 124-5.

Wolf sublinhar em seu livro *Trame d'enfance* [Padrão de infância] que é mais fácil inventar o passado do que recordá-lo?), e, por mais que se insista que, para Simon, trata-se acima de tudo de criar uma harmonia romanesca e não de transmitir uma mensagem, não se pode ignorar o fato de que o resultado contribui para a formação de um olhar sobre o mundo, ao retratar uma realidade que, sem dúvida, ele produziu tanto quanto descobriu, no sentido de trazer à luz, mas que é difícil sustentar e insistir que seja meramente fictícia, ficcional ou romanesca.

A lucidez e a acuidade extraordinárias do olhar sociológico de Simon podem ser vistas, por exemplo, em *L'Acacia*, um de seus livros mais marcantes, no qual ele descreve duas famílias que representam dois meios sociais radicalmente opostos: a de sua mãe e a de seu pai. Os retratos dos diferentes personagens, as descrições de suas roupas, dos seus modos de ser, dos seus valores, da sua relação com o mundo, montam uma cena quase maniqueísta em que duas classes, antagônicas em todos os aspectos, se confrontam quando acontece de um homem proveniente de uma delas querer se casar com uma mulher proveniente da outra: os dois jovens apaixonados irão, por tenacidade, se casar e pouco depois se tornar os pais do escritor — ou do narrador do romance, se preferirem —, que é quem nos conta tudo sobre esses acontecimentos ocorridos antes de seu nascimento. O jovem futuro marido é um cadete em formação para oficial do exército, cujo pai era «um camponês, um homem que mal sabia ler e escrever», mas que tinha decidido que seus filhos não viveriam na mesma condição que ele. Assim, as suas duas filhas se tornaram professoras na zona rural e o seu filho, muito mais novo que elas, optou por um tipo de estudos e por uma carreira para os quais nada o predispunha: frequentar cursos preparatórios, o que aliás ele fazia «em seus trajes esfarrapados de bolsista», e depois a Escola Militar Especial de Saint-Cyr, onde aprendeu a opor um «sorriso paciente e inalterável» às «vexações de seus colegas, todos com títulos de marquês ou de barão (aqueles para quem o uso de um quepe de penas, luvas brancas e uma espada não representava uma promoção social, mas um direito, algo que lhes era devido, simples acessórios de uso já previsto desde o berço)». É o mesmo sorriso que ele irá então opor às objeções obstinadas de suas duas intransigentes irmãs ao seu projeto matrimonial. E, como comparação a essa longa luta do jovem contra a «prevenção austera» dessas duas mulheres «em seus vestidos que pareciam feitos de papelão», tem lugar outro «confronto simétrico», a algumas centenas de quilômetros de distância dali, entre uma senhora idosa, presa aos preconceitos arrogantes de sua casta, e a sua querida filha que deseja se casar com o jovem soldado vindo do meio rural, pobre, ateu, republicano e socialista.

Simon ajusta com precisão sua lente fotográfica para captar até o mínimo detalhe de uma roupa, o menor gesto ou movimento facial, a fim de tornar evidente essa divisão da sociedade em classes sociais que se embatem à distância, sendo eventualmente obrigadas a se confrontar de perto em virtude da teimosia de dois jovens apaixonados. É preciso ler as páginas em que Simon se dedica a tornar palpável a obstinada resistência da aristocrata intolerante e preconceituosa contra o projeto matrimonial de sua filha, enquanto as irmãs mais velhas do jovem oficial, professoras de escola rural, demostram para com ele igual desaprovação com a mesma veemência, de modo que ambos recorrem ao mesmo argumento: «Não somos do mesmo meio». «Até que, finalmente, separadas por ao menos setecentos quilômetros de distância, as duas serventes laicas com os seus vestidos baratos, de um lado, e a velha dama vitoriana, de outro, desistem, são obrigadas a se resignar e admitir sua derrota.»[35]

E como acreditar que não há outra paixão, a não ser a literária, na violência que os livros de Simon encerram,

35. Claude Simon, *L'Acacia*. Paris: Minuit, 1989, pp. 272-4.

em seu desejo inabalável de voltar repetidamente a certos elementos de sua vida, nessa paciência quase monomaníaca para contar e recontar o trauma da guerra, para inscrevê-lo na sua história pessoal e familiar? Não somos obrigados a tomar como verdades absolutas as suas teorizações antiteóricas e antipolíticas; não é nessa área que ele se destaca, e o seu *Discours de Stockholm*, por exemplo, está longe da grandeza de seus romances. Na realidade, a política é onipresente neles. Há exemplos evidentes disso, como em *As geórgicas*, quando ele descreve a guerra e os massacres que aí ocorreram como sendo o resultado de decisões tomadas por políticos em palácios dourados e implementadas por generais para quem o fogo, o frio, a lama, o medo e a morte existem apenas sob a forma de pequenos pontos em um mapa do Estado-Maior sobre o qual movem alfinetes coloridos. E, mesmo quando o material pessoal e histórico que seus livros organizam e reorganizam, sob a forma de um mundo feito de som e fúria significando nada, se transmuta em um longo fluxo de tempo — uma espécie de tempo imóvel, à la Braudel —, sobre o qual transcorre em intervalos regulares a tempestade das batalhas, cujos protagonistas parecem ser, de um século a outro, os mesmos personagens que retornam e se reencarnam para travar as mesmas batalhas e experimentar os mesmos sentimentos, não podemos entender as construções narrativas pacientes que ele nos oferece como se fugissem da realidade social e política: o que as caracteriza é justamente sua forma extraordinária de compor relatos em que se entrelaçam os grandes acontecimentos históricos vividos coletivamente e os sentimentos e emoções vividos pelos indivíduos surpreendidos por essas convulsões.

*

Essa forma de conceber a história, como ele faz em *As geórgicas*, está sem dúvida alguma enraizada na geologia social de seu passado familiar. O que eu sei sobre o que os meus antepassados fizeram e disseram durante a Revolução Francesa ou na época napoleônica? Eram camponeses? Trabalhadores nas fábricas em que nasceu a Revolução Industrial? Eram «empregados domésticos» a serviço da aristocracia ou da burguesia que se desenvolvia com uma rapidez espetacular? A única coisa que posso fazer é tentar imaginar como eles eram: trabalhando arduamente, durante todo o dia, por remunerações miseráveis que mal lhes permitiam comer. Os homens, pobres coitados, chacoalhando ao sabor das coisas e dos acontecimentos, ou seja, das decisões políticas tomadas por outros, foram enviados para lutar em conflitos mortais dos quais muitos nunca regressaram ou regressaram gravemente mutilados. As mulheres se extenuavam na atividade de sobreviver e de ajudar seus filhos a viver. Minha «genealogia» é obscura, anônima, silenciosa... e talvez também composta de revoltados, de revolucionários, que escreveram algumas páginas da Grande História antes de voltarem à submissão do trabalho diário... até a próxima explosão de raiva coletiva... Minha genealogia é a dos oprimidos. No que diz respeito às mulheres, talvez as minhas ancestrais se pareçam com a criada idosa e manca, por passarem uma triste tocha, de mães para suas filhas, ao longo de séculos e décadas, e que seria entregue, em 1944, nas mãos de uma jovem que se tornou, segundo ela mesma dizia, «uma criada da casa» aos catorze anos de idade, e de quem eu viria a ser, alguns anos mais tarde, o segundo filho. Se eu quiser recuar no tempo, na minha «genealogia», de que outros elementos disponho a não ser essa filiação coletiva (a do «povo», das «pessoas de baixa renda», dos «pobres»), que me impede de poder encontrar informações sobre os pais de meus avós e os seus pais. Não, definitivamente, a minha família não remonta ao século XII. Ela começa na década de 1910, com o nascimento dos pais do meu pai e da minha mãe. Minha resposta maldosa àquele idiota deslumbrado, que delirava com a nobreza daquela pobre tola sem nenhum outro mérito a não ser o nome que tinha herdado, deveria ter sido outra: «Já a minha família, ela apenas remonta ao início do século xx». Como os meus antepassados serviram aos ricos e poderosos e trabalharam para enriquecê-los, posso também ter a certeza de que o meu passado se perdeu na noite dos tempos, muito antes da Idade Média, naquele mundo que não tem direito a uma história, a «remontar» a este e àquele século: o mundo dos explorados.

É por isso que preciso dos livros de História e de literatura para poder acessar o mundo de meus antepassados, para saber de onde venho, de quem sou descendente. Afinal, até Proust fala daqueles de quem eu provenho. Mas quem o leria para descobrir, por meio do personagem de Françoise, quem eram os seus próprios antepassados? Tenho inclusive notado o quanto *Em busca do tempo perdido* alimentava a mitomania social de muitos leitores, que gostam de repetir as palavras da duquesa de Guermantes (a quem chamam Oriane, como se fossem de sua família), ou as palavras do barão de Charlus, mas nunca pensaram em usar, exceto para ironizar, as expressões populares e os erros de francês cometidos por aquela que serve ao narrador (e ao escritor) como contraponto social ao seu fascínio pela alta sociedade. Muitos leitores (e isso é particularmente verdade para os leitores gays, sobre os quais Paul Morand, o homofóbico, salientou com razão que foram os que asseguraram o sucesso do autor de *Sodoma e Gomorra*) gostam de se identificar, em suas fantasias, com esse universo que não é o deles e que também não é o de seus pais ou avós (esse tipo de identificação está frequentemente na base das escolhas políticas que fazem com que alguns se afirmem de «direita»: acreditar que pertencem a um meio social apenas por assumir as suas ideologias e valores). Diferentemente deles, sei bem que as famílias de minhas avós estavam mais para a empregada Françoise do que para a duquesa «Oriane», que todos os seus antepassados, e os meus, portanto, estavam na roça e na fábrica e não nos palacetes e salões, a não ser entre os empregados domésticos destes últimos.

Existem, sem dúvida, poucos livros escritos do ponto de vista dos empregados domésticos. Em geral, eles se resumem a figuras secundárias. São vistos passar como silhuetas sem rosto e sem personalidade. O gênero autobiográfico, bem como o romance, fornece exemplos edificantes de sua relegação ao segundo plano dos atos e gestos dos verdadeiros protagonistas. Basta abrir *Infância*, de Nathalie Sarraute:

> Posso correr, saltar, girar, tenho todo o tempo do mundo... O muro da avenida Port-Royal que ladeamos é muito comprido... somente depois da rua transversal

é que vou ter de parar e dar a minha mão para atravessar a rua... Passo na frente da empregada... [...] Não é que de repente se aproxima de mim uma massa sem forma com a cabeça coberta por um lenço cinzento e estende a sua mão, eu então seguro a mão dela...[36]

Obviamente, nunca teremos o relato dessa criada sobre a sua própria infância ou sobre sua vida como adulta a serviço dos outros, levando uma menininha burguesa para passear no Jardim de Luxemburgo, assim como nunca teremos, ou pouco provavelmente, o relato de sua infância ou de sua vida adulta escrito por seus filhos.

Claro, isso é um pouco diferente em Proust, em cuja obra Françoise ocupa um lugar importante. No entanto, não se pode esquecer que a sua «visão» do mundo é filtrada pelo relato do narrador: é ele quem nos diz quem ela é, o que ela faz, o que pensa... Ela é invasiva, curiosa, indesejável... A sua imagem que nos é dada a insere no mundo dos subalternos representados por um patrão benevolente. Ele vai apresentá-la a leitores com alta probabilidade de serem socialmente mais próximos dele do que dela (ou de pensarem assim de si próprios). Então, o romance capta a cumplicidade social espontânea e

36. Nathalie Sarraute, *Enfance*. Paris: Gallimard, 1983, p. 22 (col. Folio).

pré-reflexiva dos leitores diante da distribuição de papéis, funções e argumentos, e as relações que esses leitores estabelecem sem se questionar acerca do que leem. As operações de identificação que emergem no ato da leitura — sem nenhuma outra forma de mediação a não ser aquelas projetivas —, tal como são antecipadas e despertadas pela escrita do romance, atribuem aos personagens papéis fortemente diferenciados, ou seja, marcados positiva ou negativamente, com, de um lado, Oriane (de Guermantes) e, de outro, Françoise (por acaso sabemos seu sobrenome?). De fato, por mais presente que Françoise esteja na narrativa — até vemos a sua filha aparecer em algumas ocasiões quando então fala em dialeto com a mãe —, isso não nos deve fazer esquecer que os outros criados são anônimos e se misturam na história como móveis na decoração.

Existem algumas exceções na literatura. Por exemplo, o livro *O interrogatório*, de Robert Pinget. Nessa obra, o mundo dos ricos é descrito por um de seus empregados domésticos (lembrando que são o ponto de vista e a linguagem desse empregado como transcritos por Pinget). Mais recentemente, encontramos outro livro, *O livro do sal*, de Monique Truong, em que a vida da vanguarda literária e artística de Paris dos anos 1930 é vista através dos olhos do cozinheiro vietnamita de Gertrude Stein e

Alice Toklas (percepção que, novamente, é apresentada pela romancista). Note-se que em ambos os casos — dois grandes sucessos — o objetivo das obras é retratar a existência cotidiana e mundana de casais homossexuais pertencentes à alta sociedade, o que parece indicar que o empregado doméstico seria o observador privilegiado (seja ele ou ela homossexual ou não) de casais muito singulares formados por dois homens ou duas mulheres, bem como da sua situação como representantes de uma classe social e do seu modo de vida.[37]

O empregado ou a empregada são aqueles de quem se tem vergonha e por isso se busca ou se quer apagar de sua própria genealogia. Quando de uma festa na casa dos Verdurins, um jovem músico, Morel, protegido do barão de Charlus, implora ao narrador para não revelar que seu pai era um lacaio (o que aliás somente o narrador sabe: o pai de Morel trabalhava para seu tio-avô). Ele pede que

---

37. Robert Pinget, *L'Inquisitoire*. Paris: Minuit, 1962; e Monique Truong, *The Book of Salt*. Boston/Nova York: Mariner Book, 2004. Também se poderia mencionar o romance *The Remains of the Day* [*Os vestígios do dia*], de Kazuo Ishiguro, Londres: Faber and Faber, 1989. Trata-se da exploração por parte de um mordomo de sua própria memória e de seu passado vivido nas décadas de 1920 e 1930 na Inglaterra. Outra obra escrita do ponto de vista dos empregados domésticos ou na qual eles desempenham um papel proeminente é *As criadas*, de Jean Genet. E poderíamos voltar ao *Diário de uma criada de quarto*, de Octave Mirbeau, e até ao *Jacques, o fatalista*, de Diderot.

diga à sra. Verdurin que seu pai era o administrador das propriedades de sua família, pois de tão vastas «isso faria com que ele parecesse quase um igual de seus pais». Nessas cenas, nas quais se sucedem simultaneamente intrigas do armário sexual (quando Charlus tenta não parecer o que ele é) e do armário social (quando Morel inventa uma genealogia familiar), o narrador ocupa uma posição de absoluto «privilégio epistemológico», uma vez que ele está ciente da profissão exercida pelo pai do último, e se diverte ao constatar que o primeiro, apesar de suas declarações de masculinidade, é um personagem que merece «o epíteto de *lady-like*» e que caminha como se usasse «um vestido imaginário» que atrapalha seus passos.[38] Os dois registros de armário (sexual e social) se juntam quando Morel rejeita o barão, depois que o sr. Verdurin lhe diz que Charlus se vangloriava dos laços — e da natureza desses laços — que os uniam. A ascensão social meteórica do violinista apenas se tornou possível graças ao apoio de Charlus (que o paquerou em uma plataforma da estação de trem em presença do narrador) e, portanto, pela mistura de classes que a homossexualidade permite, até certo ponto. Mas essa ascensão tem por efeito (se não

---

38. Proust, *Sodome et Gomorrhe II*, op. cit, pp. 300-2. Sobre a noção de «privilégio epistemológico», ver Eve Kosofsky Sedgwick, *Epistemology of the Closet*. Berkeley/Los Angeles: California University Press, 1990.

por condição) levar Morel a mentir sobre as suas origens sociais, quando ele entra em outras esferas da sociedade, distintas daquela da qual provém. Isso é, aliás, tão característico da realidade feita de vários níveis e várias facetas do armário social — e a genialidade de Proust não poderia deixar passar tal oportunidade de dar destaque a isso — que tanto o narrador quanto a sra. Verdurin fazem questão de declarar que, de qualquer modo, a origem social não tem importância alguma para eles e que somente o mérito pessoal (nesse caso, o talento artístico) conta. O meio de origem parece, portanto, adquirir uma importância muito maior, constituindo um foco de intenso mal-estar, alimentado pela vergonha e pelo segredo, para a pessoa que não quer que esse fato seja conhecido do que para aqueles que generosamente afirmam que não se importam com isso. Mas também sabemos que, salvo nos romances, eles provavelmente não se conteriam e repetiriam essa informação, dando a dupla impressão de elogiar aquela pessoa, cuja posição deixariam claro que é devida única e exclusivamente a ela própria e a seu trabalho. A menos que, depois de alguma rusga com ela, rapidamente se esquecessem de suas proclamações do dia anterior, e aí passassem a dizer para quem quisesse ouvir: «É tudo o que se poderia esperar do filho de um criado».

Essa mesma estrutura, mas dessa vez relativa à vergonha sexual, pode ser vista operando no romance de Sartre *A idade da razão*, quando o personagem heterossexual (Mathieu) pergunta, com sincero espanto, ao personagem que acaba de lhe «confessar» com tanta dificuldade que é gay (Daniel), por que é que ele tem «vergonha» de ser o que é, já que a seu ver não há nada do que sentir vergonha. É sempre fácil para aqueles que ocupam a posição dominante, em uma situação de interação, não ver ou não querer ver os efeitos da dominação e o quanto os outros foram constituídos por uma lenta e inevitável impregnação de seus corpos e mentes por esses efeitos, tão maciços quanto invisíveis. É até mesmo importante para esses dominantes negar ou subestimar esses efeitos; caso contrário, isso os forçaria a se perguntar de que forma participam, no decurso da vida cotidiana, dessa dominação e de sua perpetuação.

Minha mãe se identificaria com Françoise se ela abrisse um dos volumes de *Em busca do tempo perdido*? Como saber? Ela nunca leu Proust e nem sequer ouviu falar no nome dele. Meu pai também o desconhecia. Ele amava as canções de Jean Ferrat (um famoso membro do Partido Comunista que sempre se arvorou de defensor da classe trabalhadora) e, quando surgia uma oportunidade — em festas familiares, em viagens de grupo organizadas pelo comitê empresarial da empresa em que ele trabalhava, em festas oferecidas pela prefeitura do município onde os meus pais foram morar —, ele cantava *Que la montagne est belle* ou *Ma France*... Sem dúvida porque tinha muita consciência de que a sua França era «aquela que com as nossas mãos construiu vossas usinas», «aquela sobre a qual Monsieur Thiers disse: 'Que seja fuzilada'».

Era certamente para ele uma forma de se inscrever numa história longa e em uma tradição que não eram percebidas como «naturais», mas afirmadas como sociais e, sobretudo, políticas: aquelas dos dominados e, ao mesmo tempo, dos insurgentes, sempre reprimidos, mas sempre prontos a retomar a luta. É preciso dizer, no entanto, que tudo o que lhe restava dessa história e dessa tradição eram essas canções. Soavam como evocações nostálgicas de quem ele tinha sido, do que a classe trabalhadora fora quando ele era jovem, ou melhor, sem dúvida, do que foi a sua juventude quando ele era operário.

III — MEMORO-POLÍTICA

1. Luta de classes

Sem dúvida, o sentimento de continuidade e mesmo de fatalidade que anima *As geórgicas* de Claude Simon — obra em que o personagem principal muitas vezes parece ser a própria História, uma espécie de entidade personificada, ou melhor, uma divindade mitológica, por vezes irada, por vezes tranquila, que começa guerras e revoluções e move os atores humanos de todos esses acontecimentos como marionetes na cena mundial — remete-nos, embora paradoxalmente, à evidência de um pertencimento familiar, social e nacional inscrito na permanência material dos lugares (a casa) e dos documentos (os arquivos). Isso poderia, de fato, ser interpretado como o privilégio que uma classe social tem de ser dotada de um passado ao qual está ligada sem nenhum obstáculo ou mediação (apesar de todas as turbulências históricas) graças aos vestígios que restam: o presente em que se vive não está separado do que o precedeu; ao contrário, desdobra-se como o prolongamento natural do que havia sido antes, e em particular no que tange à família. A memória intervém, assim, como uma secreção patrimonial, fisiológica e psicológica desse transcurso de tempo, dessa sequência de turbulências sucessivas e incessantemente recomeçadas que o vínculo biológico — ou legal — da filiação constitui como uma sequência longa e única.

Poderíamos argumentar que as classes trabalhadoras, ao contrário, estão privadas desse tipo de memória, sempre determinada de antemão por sua evidência? E, de modo mais geral, os grupos dominados? E que eles têm de explorá-la pacientemente ou mesmo criá-la do zero, uma vez que ela não está, ou está apenas muito raramente, depositada nos espaços em que vivem (casas, apartamentos, propriedades...) ou no patrimônio herdado (móveis, pinturas — como os retratos de antepassados —, joias, livros, documentos...), nem gravada em instituições ou monumentos, mas apenas depositada nos corpos e psiquismos, como os estratos do ser social e da subjetividade individual, ou produzida pelos movimentos políticos que impõem a sua formulação ou reformulação?

Num texto de 1931, «Secrets de famille» [Segredos de família], que antecipa o seu romance *Antoine Bloyé*, publicado dois anos mais tarde, Paul Nizan contrasta essas duas modalidades sociais da relação com a História e com o passado histórico: «Um autêntico burguês», escreve ele, «é um homem que tem uma história, que a conhece e a ama. Ele tem prazer em suas digressões nas quais reconhece o papel que os seus pais tiveram na história geral da sociedade». Pois, continua,

> um burguês do tipo da alta burguesia encontra na memória da família vestígios de um bisavô que foi conselheiro-geral, oficial, gerente de escritório, engenheiro, advogado, comerciante, notário, professor. Ele sabe que os seus antepassados foram, durante várias gerações, iniciados no ritual social daqueles que detêm posições que conferem o direito de comando e garantem, entre os comandados, a obediência a suas ordens.

Assim, toda a topografia urbana está aí para testemunhar a antiguidade e a importância da família burguesa e, sobretudo, a sua imbricação na história geral, pelo menos na história oficial, na história de cima, a dos poderosos:

> Há pessoas que não podem passar na frente do Instituto, do Senado, dos ministérios, da bolsa de valores ou

simplesmente das Câmaras municipais das províncias, dos tribunais de comércio, dos mercados de grãos sem pensar em seus familiares. Esses monumentos à ordem e à antiguidade dos burgueses são para eles como os móveis ou como os túmulos familiares. Que confiança advém do fato de que seus antepassados eram médicos ou industriais, que comandavam outros homens, que eram proprietários de terras ou detinham títulos de propriedade, que atuavam como conselheiros de outros homens. Quando os burgueses vão para as cidades de origem de suas famílias, veem uma casa com várias janelas enfileiradas, muros e árvores ou um apartamento em um edifício sólido que por vezes tem em sua fachada o brasão de armas de uma família nobre expulsa pelas vitórias dos burgueses. [...] Eles assim assentam a própria vida sobre anos de descanso e vidas certas e ponderadas. Sentem-se naturalmente destinados à estabilidade, concluindo isso ao olhar do passado para o futuro.[1]

Para quem conhece ou conheceu burgueses urbanos, a veracidade de tal retrato é impressionante: eles sabem se orientar não importa aonde vão — com as

1. Paul Nizan, «Secrets de famille», *Monde*, 14 mar. 1931, retomado em *Articles littéraires et politiques*, tomo 1: 1923-1935. Org. Anne Mathieu. Nantes: Joseph K., 2005, pp. 131-5.

típicas frases eloquentes que pontuam a sua conversa diária: «Uma prima de minha mãe morava...», «um colega de escola de meu pai era...» —, e sempre estão à vontade, em todo lugar, porque sempre estão em casa (mesmo quando se encontram na casa de pessoas pobres...). Isso não diz nada contra eles pessoalmente: podem ser — apenas alguns deles, é verdade — de esquerda, e lutar contra os males do capitalismo, detestar a injustiça e a opressão. O fato é que eles têm o *ethos* burguês ancorado em seu interior, com as reações e as falas que daí derivam. Ter passado as férias, quando criança, na propriedade dos avós ou os fins de semana na casa de campo dos pais ou dos irmãos não produz a mesma relação consigo mesmo, com os outros e com o mundo que quando se viveu a infância sem viagens de férias, ou então no máximo indo a colônias de férias, saindo com os pais para acampar e pescar na beira de um rio... Ter frequentado as boas escolas secundárias, as grandes universidades, e poder dizer de várias pessoas conhecidas na sociedade, que desempenham cargos importantes em diversos campos, que: «Ele ou ela estudou comigo na escola» ou «no cursinho pré-vestibular», ou «na universidade», como na Sciences Po [Instituto de Estudos Políticos, em Paris], na ENA [Escola Nacional de Administração], na ENS [Escola Normal Superior] etc., e o corporativismo que isso cria — que se assemelha a uma autêntica forma de solidariedade de classe, transprofissional, e mesmo transpolítica —, tão eficaz que nem é preciso ser formulado, explicitado, constituindo uma espécie de segunda natureza, ou mesmo primeira natureza, para quem vem da burguesia... inegavelmente, tudo isso aumenta ainda mais o fosso indelével entre estes, burgueses, e aqueles que nasceram em outros lugares do mundo social. É evidente no que concerne àqueles que nasceram e permaneceram no mundo dominado. Mas a lógica funciona igualmente para aqueles que puderam ter acesso — mais ou menos — a cargos que os aproximam das esferas dominantes ou, em todo caso, que os distanciam das esferas dominadas. Estes não têm o capital social de que são dotados os privilegiados, ou simplesmente os códigos necessários, e essa diferença se reflete nos detalhes da vida profissional e pessoal: sentem-se desconfortáveis quando estão numa casa burguesa, não sabem o que fazer com os talheres em um restaurante chique, não conhecem as frases certas a ser empregadas nessa ou naquela situação...

Os trabalhadores, os filhos dos trabalhadores não mantêm a mesma relação de familiaridade com a geografia urbana e social. Longe disso! Como eu poderia, por exemplo, encontrar a profundidade de uma memória familiar naqueles apartamentos para os quais nos mudamos, que tinham acabado de ser construídos nos novos bairros de moradia popular? Bairros que surgiram nos arredores da cidade, e que se encontravam quase fisicamente separados dela; cidade cuja catedral e alguns outros monumentos atestavam a antiguidade e glória passadas, e cujos prestigiosos nomes das casas de champanhe exibiam uma riqueza perpetuada em benefício de uns poucos, graças ao trabalho de todos os outros? E o capital cultural acumulado e sedimentado comporta tanta violência — por meio das relações desiguais que ele institui a cada momento com o que alguns chamam, sem nem esboçar um riso, de o «mundo comum» — quanto produzem o capital econômico e a divisão em classes que ele instala e reinstala. As ruas, por exemplo, com nomes de escritores, poetas, músicos de quem nunca se ouviu falar. Essa ínfima lembrança, guardada desde a minha adolescência, certamente não pertence ao registro da anedota isolada. Prefiro defini-la como um daqueles «fatos significativos» dos quais Hoggart nos diz que é aconselhável (este é o método que ele afirma ser o seu) extraí-los dos fluxos da memória, mediante uma «psicoespeleologia» (prefiro dizer: uma socioespeleologia), para lhes conferir todo o seu alcance social e político. Quando se mudou para um bairro novo de uma cidade na Normandia, onde conseguiu trabalho, um dos irmãos do meu pai, ao lhe passar o seu novo endereço, disse: «Fica no número tal, rua Santo Honoré de Balzac».

Ele não sabia quem era Balzac. Meu pai também não. Que não se interprete isso como um exemplo de mera ignorância: trata-se da força invisível, mas terrivelmente poderosa e eficaz, de um desapossamento. Ambos tinham, com alguns anos de diferença, abandonado a escola aos catorze anos (meu pai, até um pouco antes dessa idade) para trabalhar em uma fábrica. Tinham sido privados do acesso ao tempo escolar — o tempo em que aprendemos a nos familiarizar com as coisas e as palavras do universo cultural — e ao tipo de relação com os outros, com o mundo à volta, com o presente e o passado promovidos por esse período em que nos dedicamos à nossa própria «formação». O sistema escolar opera as divisões: se existe uma instituição que reconhece, registra, ratifica e renova a existência das classes sociais, é essa. E não apenas as classes definidas pelas desigualdades econômicas, mas também instituídas e incessantemente reinstituídas por diferenciações muito mais profundas entre categorias de indivíduos selecionados, que passam pela triagem e são distribuídos no mundo social ao longo de processos que se iniciam muito precocemente, desde a infância, e que são tão visíveis, até mesmo grosseiramente visíveis, que surpreende o fato de alguns «sociólogos» não apenas não os verem, como também buscarem negá-los. O sistema escolar parece ter por função manter as classes tais como são, ou antes, as distâncias entre as classes tais como elas se dão. E eu não consigo me convencer de que esta maquinaria continue funcionando e perdure sem que haja aí alguma forma de intenção — ou seja, o conjunto das estratégias muito conscientes de si implementadas pelas classes dominantes. A forma como as classes dominantes defendem os seus territórios e os seus privilégios — e, em particular, pelo acesso ao sistema de educação de elite que lhes é reservado, primeiro no ensino médio, depois no ensino superior, no qual é mais acentuada a diferença entre, por um lado, as grandes universidades públicas e privadas para os filhos da burguesia e, por outro, as universidades de menor prestígio e tradição, que acolhem todos aqueles a quem a entrada nas áreas «nobres» da educação é de fato negada, quase proibida — não pode ser simplesmente o resultado de uma lógica da reprodução que não é orquestrada por ninguém. É antes o resultado de uma mobilização ativa e consciente das classes dominantes, e que ocorre à custa das outras classes.[2] É igualmente verdade que a força do *habitus* e a relação dos meios sociais aos quais sempre foi

---

2. Sobre isso, consultar as obras de Michel Pinçon e Monique Pinçon--Charlot, que o demonstram de forma indiscutível, ao salientar que não é apenas a lógica da reprodução social o que garante essas divisões, mas também a adoção estratégica e consciente de mecanismos implementados pelas classes dominantes para garantir a sua permanência.

negado o acesso à educação e à cultura, responsável por gerar a sua autoexclusão, sua autoeliminação — ou seja, a eliminação prévia, automática e inevitável, pensada e experimentada pelos membros das classes pauperizadas como sendo fruto de sua livre escolha, quando na verdade isso já foi decidido para eles, muito antes deles —, são dotadas de um poder para perpetuar a ordem social hierárquica tão ativo e eficaz quanto as estratégias conscientes ou inconscientes dos dominantes. Os dois níveis estão ligados e formam um sistema.

Posso fazer minha a constatação de Nizan de que

> os homens de quem provenho nunca mandaram: foram eternamente comandados e aconselhados, corrigidos e ameaçados por patrões, padres, magistrados e oficiais. Não me sinto tão importante como vocês quando penso no meu bisavô: ele era um trabalhador no arsenal da marinha, em Lorient, na época em que Luís Filipe presidia as ascensões burguesas.

Na realidade, Nizan quase teve de se esquecer de onde veio. Aspirava a se tornar filósofo e professor. Isso foi na década de 1920, e obviamente não tinha o mesmo significado que tem hoje. Mas ainda hoje, para um filho da classe trabalhadora, tornar-se professor do ensino médio, e ainda mais professor universitário, representa uma ruptura importante, do ponto de vista daquele que consegue, e também, e talvez principalmente, do ponto de vista daqueles de quem ele se afasta. É bem sabido que a profissão docente, ou aquelas relacionadas a ela, é uma das principais vias de certa ascensão social de filhos das classes trabalhadoras. Tornar-se educador especializado, para os rapazes, professoras primárias, para as moças, ou professores do ensino médio para ambos, constitui o horizonte de aspirações de muitos filhos das classes populares que entram na universidade. Se isso traduz uma delimitação bastante rigorosa e uma autolimitação muito eficaz quanto às possibilidades imaginadas, correspondendo assim à limitação muito objetiva das possibilidades viáveis, e cujo caráter visado e exequível está, além disso, largamente correlacionado com a desvalorização dessas profissões que vem se operando há muito tempo, mesmo assim, aos seus olhos e aos de seus pais, trata-se de uma «elevação na escala social», uma vez que sugere abandonar o trabalho manual, mesmo que isso não signifique alcançar a classe dominante.

Nizan iria em breve atravessar para o outro lado da barreira. Ele era, tal como formulou de maneira extremamente marcante, um «candidato à burguesia». Seu pai já tinha passado por certa ascensão social; de operário, aos poucos se tornou engenheiro, o que lhe permitiu circular em meio à burguesia da cidade onde vivia com a sua mulher. Essa foi, aliás, a condição que permitiu a seu filho concluir o ensino médio e depois ser admitido nas aulas preparatórias dos grandes colégios parisienses (Henri IV e Louis-le-Grand), antes de entrar na École Normale Supérieure e estudar ao lado de Sartre e Aron, ambos provenientes da burguesia. Para os filhos das camadas populares, chegar até esse ponto era um milagre, apesar de todos os discursos mistificadores sobre o «mérito» e a «igualdade republicana» (nada mudou em um século, exceto no sentido de um maior e mais brutal fechamento social, embora isso seja negado pelos discursos de legitimação da ordem institucional sustentados por seus ideólogos). Foi preciso, portanto, que o pai de Nizan deixasse de ser o operário que, quando jovem, incitava os outros trabalhadores no pátio da fábrica a entrar em greve e virasse uma personalidade local — agora como gerente desses mesmos operários. O jovem Nizan estava assim prestes a continuar a trajetória iniciada por seu pai, mas dando um passo além, ao ter acesso e aderir à alta cultura ensinada nas escolas de elite (cultura que, precisamente, faltava ao seu pai para que ele pudesse coincidir com o meio social no qual entrara e no qual permaneceu sendo, apesar de tudo, um intruso, um atrasado). Nizan também estava prestes a renegar a história de sua família e a sua própria, como consequência lógica e inevitável dessa etapa «superior». Mas, no momento de «dar o passo» decisivo, ele se recompõe e se lembra de sua filiação: «Quando meu pai tinha quinze anos, ele não ia à praia nas férias, tal como eu pude fazer com o dinheiro dele. Na mesma idade em que eu estava preocupado com a filosofia de Bergson, meu pai discutia no pátio da fábrica a importância de fazer greve». Essa página do livro de Nizan desperta em mim uma memória distante — tenho quase certeza, mas a minha mãe não foi capaz de confirmar este fato: o meu pai tinha sido despedido da fábrica onde trabalhava, quando tinha cerca de trinta anos, acusado de ser um «líder de greve», o que o fez ser mais cauteloso e contido depois disso. Posso entender o quanto deve tê-lo irritado o meu esquerdismo «revolucionário», quando, aos dezesseis ou dezessete anos de idade, ainda na escola eu vaticinava a «greve geral insurrecional», sendo que ele tinha desistido das greves e das lutas sindicais para que eu pudesse continuar os meus estudos e, mais do que isso... simplesmente para que pudéssemos comer. Nizan então se insurge contra todos aqueles — os «professores de pseudociência» — que queriam levá-lo, ao acolhê-lo na cultura legítima, a negar a sua ascendência e seus ascendentes: «Por que querem me fazer trair os homens dos quais provenho — nem todos estão mortos e eu os amei. Por que querem que eu não possa pensar em meu avô sem pensar que eu não seria seu inimigo se ele ainda estivesse vivo?». E, como a «burguesia» não é a sua família e a sociedade burguesa não é o passado que ele considera como sendo seu («eu não vivo as anedotas da história dele, por isso lhes pergunto: quando os burgueses liam Renan, onde meus pais estavam escondidos?»), basta para ele imaginar que, dando «um passo atrás», ele «estaria à altura» deles: «Caminho com eles, faço parte da tradição mais fiel do proletariado».

Como podemos ver, Nizan é confrontado com uma escolha existencial e moral, bem como social e política. Enquanto a sedução burguesa se adorna com os atrativos da cultura como forma de autorrealização humana plena, é necessário um esforço para evitar ser ludibriado e para não cair na armadilha que a entrada na cultura representa, na medida em que ela parece conduzir, de forma insidiosa e inelutável, à adesão ao mundo burguês, uma vez que a cultura e o mundo burguês parecem nunca ser dissociáveis um do outro: «A grande artimanha da burguesia foi persuadir as pessoas de que por ela valia a pena trair seus pais trabalhadores e de que a vida seria preenchida pela cultura». O acesso a essa cultura e a crença nela, e a consequente rejeição (como se entrassem para uma religião) de sua classe de origem — porque esta se caracteriza precisamente pela ausência do que define o pertencimento àquela outra classe, que tem a arte, a literatura e a música como prerrogativas —, constituem o vetor da «traição». E a essa artimanha praticamente incontornável, que opera graças à cumplicidade entusiasmada dos novos cooptados aos processos e princípios da cooptação (isto é, da dominação), Nizan opõe um gesto de recusa, que assume ares de ruptura: «Em vão você tentou me fazer crer na coincidência entre o burguês e o humano». O que equivale a dizer que, se quisermos nos contrapor à transmissão hereditária da cultura burguesa e à admissão dos recém-chegados, é necessário reivindicar outra forma de se tornar humano, ou seja, reivindicar outra tradição e outra «atmosfera de cultura», igualmente humanas, embora sistematicamente desvalorizadas e desprezadas pelos dominantes. Mas não se trata exatamente nem de uma memória familiar, nem de uma cultura «universal»: é antes uma memória de classe, e mais ainda, uma memória de uma classe em luta. Se no caso de Claude Simon a exploração das memórias pessoais conduz o indivíduo à sua raiz social e histórica de longa duração, como indicada pelos edifícios e documentos, a tarefa que Nizan se propõe a realizar também consiste em recuperar o seu passado individual e coletivo, encontrando, para além da «traição» de seu pai, a sua classe de origem, a continuidade cultural e política que a noção marxista de «classe trabalhadora» e a adesão ao Partido Comunista vão lhe permitir restabelecer, reinstaurar ou mais exatamente estabelecer, instaurar.

A carreira profissional de seu pai turva um pouco a identidade social de Nizan. Ele é burguês sem ser burguês, uma vez que não foi burguês desde o nascimento: «Minha história burguesa não vai muito longe: ela começa com o meu pai, que acabou se tornando um engenheiro bem-sucedido e um burguês mal-acabado». Aprender a ser burguês não é fácil. Nem para o pai, que sofre por já não ser o que era (pelo menos essa é a teoria de Nizan) e, com toda a certeza, por não ser realmente o que se tornou (devido à persistência de um *habitus* operário que torna mais difícil para ele se localizar em um novo meio social, no qual sempre se sente deslocado), nem para o filho, que se pergunta sobre o sofrimento do pai e sobre o mal-estar derivado desse sofrimento que ele próprio sente, e por saber muito bem que, «daqui a cinquenta anos, os meus antepassados serão anônimos como os dos animais: mas nós conhecemos o nome do avô dos cavalos vencedores do Grande Prêmio».

Nem é necessário dizer que as trajetórias ascendentes não levam aqueles que as percorrem à mesma posição, nem garantem o mesmo *status* daqueles que sempre ocuparam ou há muito ocupam esses lugares. Exercer a mesma profissão, ter a mesma posição, não impede que o maior ou menor período de tempo na classe tenha um papel considerável, diferenciando os indivíduos uns dos outros: dispor de um capital econômico acumulado (ser proprietário de apartamentos ou casas, de bens herdados etc.); contar com um capital cultural (adquirido na infância e partilhado com seu entorno); contar com os benefícios de um capital social (as relações e contatos familiares, e aqueles que os membros da família estendida podem estabelecer e que podem sempre ser mobilizados etc.); tudo isso contribui para conferir a um *status* nominalmente equivalente um valor incomensuravelmente superior... Mesmo na aparente igualdade, a marca da origem inscreve uma profunda desigualdade.

Reivindicar esse «anonimato» de seus antepassados leva Nizan a querer se inscrever em outra tradição, adquirida, segundo ele, em sua infância: a da revolta. Trata-se, portanto, de reencontrar essa tradição e de criar nela um lugar para si próprio.

Detenhamo-nos por um momento em *Antoine Bloyé*, seu primeiro romance, e de longe o melhor. Nele, Nizan retraça a carreira de seu pai e tenta diagnosticar as causas da ferida que este trazia em seu interior, o que ele atribui, uma vez que a sua filiação ao marxismo lhe forneceu essa chave de leitura, ao que chama de «traição de classe».[3] No seu merecidamente famoso prefácio a *Áden, Arábia*, de 1960, Sartre comenta longamente esse romance de Nizan. E, para interpretar a relação de Nizan com seu pai, do qual o personagem de Antoine Bloyé é a transposição literária, ele recorre à categoria de «identificação com o pai», o que a meu ver é particularmente questionável, dado que Nizan tenta compreender histórica e socialmente o destino desse homem com quem, precisamente, ele não consegue se identificar. Sem dúvida, seria mais pertinente nos perguntarmos, em termos políticos e sociológicos, como a adesão, por parte do filho, ao marxismo representou para ele uma forma de anular o que tinha considerado uma «traição» de classe por parte de seu pai, e também uma forma de se vingar do sofrimento que tal «traição» produziu neste, e da qual o romance de 1933 oferece muitas descrições. A «traição», no entanto, só existe aos olhos do filho marxista, que assim codifica a trajetória social de seu pai a partir de uma grade de leitura

3. Paul Nizan, *Antoine Bloyé*. Paris: Grasset, 2005 (col. Les Cahiers rouges). Sobre a «traição» de classe de Antoine Bloyé, ver particularmente pp. 142-3 e 193. Sobre o processo que o levou a isso, ver p. 99.

política e ideológica. Para o pai, é mais uma questão de desajuste entre o passado e o presente, e é bastante improvável que ele tenha se arrependido de ter abandonado seu *status* profissional anterior. É mais o problema de seu lugar no mundo social que é apresentado a ele intensamente: ele ainda carrega seu passado em seu presente, e esse passado o impede de estar totalmente presente em seu presente. A análise política oferecida pelo filho está ligada à sua posição como intelectual. Aliás, Sartre está bem ciente disso ao escrever um pouco mais adiante a respeito de Paul Nizan que:

> O filho de um trabalhador que tinha se tornado burguês se questionou quanto ao que ele próprio era: burguês ou trabalhador? Sua principal preocupação era sem dúvida esta guerra civil interna: sendo um traidor do proletariado, o sr. Nizan tinha feito de seu filho um burguês traidor; um burguês involuntário, que tentaria atravessar a fronteira na direção oposta, o que, no entanto, não é tão fácil quanto parece.[4]

---

4. Jean-Paul Sartre, «Préface a Paul Nizan». In: Paul Nizan, *Aden-Arabie*. Paris: Maspero, 1960, pp. 7-51 e 28-44 (col. Petite Collection Maspero).

Não! Não é nada fácil! Especialmente porque a caracterização como «burguês involuntário» talvez não seja a mais apropriada. Teria sido realmente «involuntário»? Ele não quis sê-lo? Não o desejou intensamente? Não respeitou todos os rituais que lhe foram impostos e todas as exigências que lhe foram feitas para poder se tornar o brilhante jovem filósofo que dominava perfeitamente os fetiches e códigos da alta cultura? E isso ainda que Sartre tenha dito em uma entrevista que Nizan odiava a École Normale Supérieure (a ponto de «fugir» para Áden em seu terceiro ano), porque a via como uma «instituição de classe destinada a criar uma elite privilegiada», acrescentando que, «ainda que ele tivesse universitariamente 'triunfado', nunca se integrara ao sistema».[5] O fato é que Sartre tem razão em um ponto, e suas palavras são contundentes, quando afirma que uma «guerra civil» tinha lugar, clivando Nizan em seu interior entre duas classes antagônicas: aquela que o liga a seu passado — ou mais precisamente à juventude de seu pai — e aquela que o convida a entrar em um futuro diferente, planificado pelos estudos que fez, que lhe permitiriam galgar mais um degrau na escala social a partir daquele que seu pai já tinha conseguido alcançar (e não a partir daquele de que seu pai tinha

5.   Id., *Situations*. IX. Paris: Gallimard, 1972, p. 131.

partido). Não há aqui nenhuma identificação, seja psicológica, social ou política, com o pai. Ao contrário disso, esse conflito conduzirá a um esforço de desidentificação com o que o seu pai se tornou, a fim de regressar — se não em sua existência concreta, ao menos em espírito — àquilo de que, mais ou menos, seu pai tinha conseguido se desprender. Na realidade, parece-me que se trata antes de uma rejeição, por parte do filho, da adesão do pai às leis da ordem social, e de uma recusa dos sofrimentos, tanto consentidos quanto padecidos, que acompanham esses processos que permitem a um indivíduo mudar de classe carregando consigo seu antigo «eu». O que ocorre, por parte de Nizan, é antes uma «revolta contra o pai» do que uma «identificação» com ele. É uma revolta contra o «pai humilhado», mas não no sentido dado por Lacan a essa expressão (ou seja, o pai despojado de sua supremacia e prerrogativas em função das transformações por que passou a família devido aos avanços da igualdade entre os sexos e às lutas feministas), e sim contra o pai derrotado, ou melhor, visto que essa derrota foi ele próprio quem quis, contra o pai voluntariamente submetido à ordem estabelecida, a suas regras, a suas hierarquias, a sua violência... No fundo, seria possível dizer que seu pai passou de uma «miséria de condição», quando era operário e pobre, para uma «miséria de posição», ao se tornar um burguês que se sente desconfortável em seu novo meio.

Mas, acima de tudo, podemos ver que o marxismo ofereceu a Nizan os meios de dar sentido à «miséria interior» que desmoralizava o seu pai. Sartre é quem destaca isso: «O marxismo revelou-lhe o segredo de seu pai: a solidão de Antoine Bloyé vinha da traição». O filho foi confrontado com uma escolha: aperfeiçoar o que via como sendo uma «traição» por parte de seu pai, continuando a avançar no caminho da ascensão social, ou trair ao contrário a classe a que chegara e que lhe abria as portas, comprometendo-se com a defesa do proletariado. Ele hesitou, é certo, mas acabou por optar pela segunda solução. Virou comunista.

Nizan se encontrava na segunda geração da ascensão social. Não soube de saída o que queria ser. Como escolher, nesse momento crucial e vertiginoso de rompimento, o que se pode vir a ser, e sem dúvida por muito tempo, talvez para sempre, do ponto de vista social e político? Ele passou um tempo pela extrema direita: o que, sem dúvida alguma, é uma maneira de rejeitar totalmente o que seu pai fora no passado — um antigo operário, um antigo operário grevista, um desses que a direita chamava à época de «canalhas de bonezinho»! —, reforçando ainda mais a «traição» deste último, que, no fim das contas, não o levou muito longe, tendo permanecido manchado com os traços indeléveis do que fora um dia. A descrição dada por Sartre do jovem Nizan na École Normale Supérieure, vestindo calças de golfe e ostentando um monóculo e uma bengala, diz muito sobre a atração que o elitismo fascista ou de traços e tendências fascistas exerceu sobre ele (Nizan aderiu ao partido pré-fascista de Georges Valois e colaborou na única edição da sua revista *Les Faisceaux*), antes de se afastar e aderir ao comunismo, que orientou a sua vida até 1939, quando então rompeu com o partido após a assinatura do pacto germano-soviético (Nizan foi morto no *front* perto de Dunquerque em 1940).[6] Foi necessário que ele encontrasse o seu caminho, e isso não aconteceu de um dia para o outro. Aliás, me pergunto se o que podemos chamar de «tentação da direita» não seria inerente à posição de trânsfuga de classe. Afinal de contas, a adesão aos valores da burguesia, para poder nela se integrar harmoniosamente, e sobretudo se distanciar do lugar, do meio de origem, contém entre as suas possibilidades mais sedutoras a da escolha política de fazer parte do mundo dos dominantes (o que não se dá, talvez, sem tormentos internos, mesmo quando nos esforçamos para

---

6. Uso aqui as a informações biográficas contidas no prefácio de Anne Mathieu e Françoise Ouellet para o livro de Paul Nizan *Essais à la troisième personne*. Paris: Le Temps des cerises, 2012.

negá-los ou suturá-los). Contudo, chegou o momento em que para ele foi importante recuperar o que o seu pai teve de rejeitar para se tornar quem ele se tornou. Trata-se, portanto, de uma «reapropriação», no sentido dado por Bourdieu a essa palavra, a prazo (de segunda geração, se ousamos dizer) e que a teoria marxista tornou possível para o filho: a ascensão social teve lugar ao longo de duas gerações, e o trabalho de recuperação da identidade social pelo filho implica não apenas que ele reencontra a identidade social de sua família mas, sobretudo, que a reencontra por meio do caminho feito por seu pai, e não apenas de seu próprio. Nizan tenta nos convencer, e também a si próprio, de que a infelicidade do pai foi ter abandonado o mundo de sua juventude, no qual prevaleciam a solidariedade nas dificuldades e a fraternidade na luta. Mas o retorno do filho ao mundo que seu pai deixou para trás (e que, obviamente, desejou deixar para trás) repousa, em grande medida, sobre uma ilusão: a de uma representação da classe trabalhadora como sendo um grupo constituído — e não apenas socialmente constituído, mas também politicamente constituído — e da relação que a teoria e a militância tornariam possível tecer entre um intelectual formado em instituições de elite e os trabalhadores explorados. Em 1960, Sartre salientou (e ele estava muito bem posicionado para afirmar isso!) que Nizan tinha à sua disposição apenas as armas que ele próprio descreveu como sendo as do inimigo, ou seja, a escrita, a literatura e a cultura.

*

Para mim foi diferente. Meu pai não se tornou um engenheiro. Ele progrediu de seu *status* de operário para o de «supervisor». Embora isso já fizesse grande diferença para ele, não implicava uma mudança social muito grande: ele continuava mais próximo dos «rapazes» com quem trabalhava e a quem supervisionava (a sua «equipe») do que dos gestores da fábrica. Não mudamos de mundo — e isso em todos os sentidos da palavra, já que permanecemos no bairro em que vivíamos, mantivemos nosso estilo de vida, nossos gostos, nossa linguagem... Minha mãe, nessa época, ainda era operária, ou melhor, teve de se tornar operária, tendo sido antes empregada doméstica e depois «dona de casa» — o que é, basicamente, ser empregada doméstica na própria casa, responsável por uma série de tarefas, sem ser paga para isso! Ela foi trabalhar em uma fábrica quando meu pai ficou desempregado durante um bom tempo, e depois continuou trabalhando, pois a renda de meu pai não bastava para «chegar ao fim do mês», e um salário «suplementar» — uma vez que o salário dela era considerado um complemento ao de meu pai, tido como o principal e o normal — era por isso muito bem-vindo.

Como o meu ponto de partida foi bastante inferior ao de Nizan, não cursei as aulas preparatórias e muito menos a École Normale Supérieure: sou um produto da massificação escolar (que não é uma «democratização», mas uma «translação da estrutura desigual»). Entrei em uma faculdade de letras em uma universidade do interior, ou seja, tomei um caminho de relegação, que, no entanto, eu acreditava ser, por um erro típico de perspectiva, uma estrada real. Contei em *Retorno a Reims* como, e com que dificuldades, fiz um segundo desvio de trajetória — o primeiro foi a entrada na universidade, mas isso, embora eu tenha sido o primeiro na minha família a fazê-lo, em breve deixaria de ser algo excepcional e se tornaria, se não comum, pelo menos bastante frequente — quando decidi me mudar para Paris, e tudo o que adveio dessa minha decisão graças às possibilidades que o mundo gay oferece (e que, creio, foram multiplicadas com os meios oferecidos pela internet e pelas «redes sociais»). Eu estava destinado a fracassar e começava a me dar conta disso: eram mínimas as chances de eu ser aprovado em um dos concursos para professor do ensino médio, na medida em que as vagas pareciam já estar reservadas aos alunos formados na École Normale, para quem muitas vezes era apenas uma questão de obter um título e uma posição que pudessem abrir as portas para um posto no ensino superior. Li recentemente que os IPES (Instituto de Preparação para o Ensino Secundário, em que alguns poucos alunos bolsistas recebiam do Estado uma remuneração durante três anos para se preparar para esses famosos concursos) tinham sido abolidos porque a taxa de bons resultados era muito baixa. Isso não é surpreendente: os poucos estudantes que tinham a sorte miraculosa de obter a bolsa de estudo eram filhos da classe trabalhadora ou da classe média. Estavam inscritos na universidade, e não nos cursos que preparavam para as grandes Instituições de Ensino Superior da França, nas quais não conseguiam entrar — e esta era, aliás, a justificativa para a existência desse dispositivo: a de permitir àqueles que não puderam seguir a estrada real prestar o concurso para se tornar professores do ensino médio em condições mais competitivas. Mas isso era um verdadeiro engodo. Esses estudantes praticamente não tinham nenhuma chance de ultrapassar essa barreira porque o número de vagas era muito baixo e não havia lugar para eles. No entanto, foi graças a esses três anos de financiamento que pude continuar os meus estudos, como outros tantos em situação semelhante à minha, a julgar pela carta que recebi sobre esse assunto logo após a publicação do meu livro. Como imaginar, como aceitar que jovens da classe trabalhadora sejam agora privados desse programa?

Como eu disse, também censurei meus pais por terem traído a sua classe, e isso justamente no momento em que eu me afastava dela, e fazia tudo que estava ao meu alcance para me afastar dela. Meu marxismo juvenil tinha um duplo significado: por um lado, me permitia manter uma forte ligação com meu mundo de origem, já que, ao afirmar que lutava com e para o proletariado, eu imaginava que poderia anular a «traição» de meus pais, recuperar o que eu acreditava que eles deveriam ter continuado a querer ser; por outro lado, me levava a me distanciar daquilo que eu chamava de «aburguesamento» da minha família, simbolizado pelo desejo de meus pais de adquirir todos os bens de consumo com as novas — e muito custosas — facilidades de crédito.

É importante fazer aqui uma digressão sobre o crédito. Quando eu era estudante, a minha mãe usava o crédito para comprar roupa para o meu irmão mais velho e para mim todos os anos, no início das aulas. Lembro-me de que costumávamos ir, no final do verão, a uma agência de crédito no centro da cidade, onde minha mãe preenchia os formulários necessários. Nos anos que se seguiram, as classes populares viram nisso a forma de adquirir tudo o que quisessem, tudo aquilo a que acreditavam «ter direito», uma vez que trabalhavam duro. E esse é sem dúvida um dos fatores que mais contribuíram para enfraquecer as lutas dos trabalhadores, tanto quanto o desemprego e a precarização, já que não é possível fazer greve durante muito tempo quando se devem pagar todo mês, e durante muitos anos, as altas prestações do empréstimo feito para comprar móveis, uma televisão, um carro etc. E esse fenômeno se acentuava quando se tratava da aquisição de casas. Nos anos 1970, lembro que das frases que mais se repetiam na minha família e entre os conhecidos dos meus pais estavam as que giravam em torno do desejo de «construir uma casa». Todo um sistema tinha sido criado para que as famílias da classe trabalhadora se endividassem durante 25 ou trinta anos para «construir» pequenas casas em áreas urbanas, ou em sua periferia, reservadas para a construção dessas habitações individuais e de má qualidade. O tom de satisfação com que estas expressões eram pronunciadas, «Vamos construir» e «Construímos», exprimia a força irresistível desse desejo de nos tornar donos da nossa própria casa. Penso que isso também refletia o desejo de deixar de fazer parte das classes trabalhadoras, tal como o imaginário do «movimento operário» se esforçava para perpetuar. Poderosos fatores de desidentificação social estavam em ação, e consequentemente de desmobilização política, dos quais a noção de «traição» obviamente não permitia dar conta.

Isso significava que muitos estavam determinados a não mais pertencer a um conjunto definido como a classe trabalhadora, os desprovidos, aqueles que não têm nada etc. O que tinha a ver com uma óbvia intenção de se desvincular de tudo que estava relacionado a um movimento organizado de trabalhadores, e por extensão de se desvincular de qualquer ancoragem em um espaço político de esquerda... Tratava-se também de buscar os meios para sair logo dos conjuntos habitacionais a fim de escapar da proximidade com os imigrantes pobres que começaram a chegar e a residir neles. As classes trabalhadoras foram divididas, a partir dessa transformação do local de habitação, entre os mais pobres de ontem, que, por causa de dívidas contraídas a perder de vista, procuravam abandonar os bairros residenciais populares, e os mais pobres de hoje, que aí se estabeleciam.

Minha mãe me disse que muitas mulheres da fábrica onde ela trabalhava nos anos 1970 votaram sistematicamente na direita porque tinham medo, dizendo que, «se Mitterrand ganhar, eles vão tomar as nossas casas». Isso significa que os trabalhadores (nesse caso, as trabalhadoras, mas o mesmo se aplicava sem dúvida aos homens, embora a taxa de sindicalização fosse muito mais elevada entre eles) tinham desenvolvido uma mentalidade de pequeno proprietário, que se cristalizava em torno da perspectiva de um dia se tornarem de fato um, uma vez o empréstimo quitado, o que os fez mais receptivos à propaganda da direita. É também muito provável que a cruel desilusão ligada às fantasias de uma ascensão social que acabou não ocorrendo e as esperanças frustradas (a dificuldade de viver pagando prestações mensais elevadas, o desemprego que batia à porta em algum momento da vida tornando impossível continuar a pagá-las etc.) tenham contribuído para o ressentimento que, inevitavelmente, levaria certo número de eleitores de esquerda a votar na extrema direita, ou a se deixar atrair pelas promessas da direita, que lhes propunha multiplicar as horas extras com slogans como «trabalhar mais para ganhar mais». A diminuição da jornada de trabalho que havia sido conquistada era vista, sobretudo, como um risco de uma provável diminuição ou estagnação dos salários e, portanto, como o anúncio de sérias dificuldades no pagamento das dívidas.

E eu, nesses mesmos anos, aderi a uma doutrina política que me permitia pensar que aqueles e aquelas que pertenciam à «classe trabalhadora» não apenas deviam ser diferentes do que eram, viver de uma forma diferente da que viviam (continuando a viver como tinham vivido, como seus pais tinham vivido), como, acima de tudo, deviam ter aspirações e sonhos distintos daqueles que eram os seus e que eles buscavam de todas as maneiras realizar, acelerando os já insuportáveis ritmos de produção, a fim de com isso obter gratificações, e ainda multiplicando as horas extras etc. Tive de constatar e de admitir que o que eles não queriam, de modo algum, era «fazer a revolução». O que eles queriam era «construir uma casa».

No fundo, ao evocar a traição de seu pai, que forneceria a explicação de seu próprio mal-estar, Nizan deixa deliberadamente de lado uma explicação oposta (embora os dois registros pudessem muito bem não excluir um ao outro). Seu mal-estar não se devia a uma melancolia nostálgica ancorada no impossível esquecimento da situação de origem, mas sim às feridas infligidas diariamente pelas dificuldades de adaptação e integração ao novo meio social que era agora o seu. Isso era bem mais fácil para o filho, porque para a segunda geração da ascensão social o preço a pagar era bem mais baixo. Então, Nizan pode se dar ao luxo de acreditar que está recuperando o mundo anterior de sua família por meio da política, mas essa é uma recuperação que só tem lugar na esfera das ideias. Ele não vira um operário, não vai à fábrica todas as manhãs. Intelectual ele é, intelectual ele será. Ele é comunista, não há dúvida, dedicado à causa do proletariado e ansioso para se engajar, ao lado dos trabalhadores, no grande confronto da luta de classes. Ele é um operário em espírito e um intelectual por profissão. O que não é a mesma coisa, de modo algum. E isso o impede de imaginar que os trabalhadores da sua representação política possam não querer permanecer fiéis ao que são e ao que deveriam querer ser, quando, ao contrário, os trabalhadores reais sempre desejaram, desejam e continuarão a desejar, por pouco que seja, sair de sua condição, e não pelos meios da insurreição proletária, da revolução mundial, mas sim mediante uma transformação progressiva — também ela coletiva — de seus modos de vida.

Mas eu extraio do texto de Nizan um ponto capital: o marxismo, com a sua concepção, certamente mitológica, das classes sociais como realidades não apenas objetivas, mas também, e potencialmente, subjetivas, organizadas sob a figura política do proletariado, nos ensinou pelo menos a pensar contra a ideia de que haveria uma tradição comum, uma história comum, valores comuns para toda uma sociedade, um mundo comum. A ideia de uma comunidade nacional é apenas uma ilusão, tal como a ideia de «comum», em escala global, é apenas uma utopia despolitizante. O mundo social é constituído de tradições e de histórias diferentes, divergentes e opostas. A tradição dominante tende a ofuscar as outras. É, portanto, necessário recuperá-las, ou, de algum modo, mostrar que tipo de violência a cultura legítima exerce sobre aquelas que não o são.

Nizan vai buscar a sua história naquilo que ele sabe sobre a luta e a resistência dos trabalhadores, sobre as revoltas populares contra a opressão. É evidente que, às mentiras da cultura burguesa, ele contrapõe um paradigma do qual o marxismo foi, se não o inventor, pelo menos um dos mais eficazes propagadores, ao construir a ideia de «classes sociais», de «luta de classes». Aliás, aquela era uma época em que a esquerda ainda falava de «lutas» contra a opressão, e não se dispunha a «se associar» e «criar laços sociais» ou «coesão social» por meio do «respeito» e da «reciprocidade» — noções provenientes diretamente do paternalismo burguês e católico do século XIX. O que significa, em suma, livrar a vida política de antagonismos, mas deixá-los, obviamente, subsistir na vida social, sem nenhuma outra possibilidade de expressão que não seja a raiva individual que, a intervalos regulares, é canalizada em votos para o partido da extrema direita francesa, o Front National [Frente Nacional], ou na outra forma de manifestação coletiva da posição política que protesta, contesta, rejeita a autoridade da «política legítima»: a abstenção.

No final de «Secrets de famille», Nizan chega a escrever que quando um burguês fala da miséria o faz sempre «de longe», a partir de uma «ideia da miséria», de uma «ideia filantrópica», enquanto a miséria «pode fazer parte dos costumes íntimos, das histórias herdadas e tornadas substância». É, portanto, do lado dessa herança, vivida de dentro, como uma experiência íntima de um passado de classe a ser reativado em si mesmo, que Nizan pretende se situar, contra o olhar burguês e contra a cultura burguesa. O ataque brutal que desfere contra Paul Valéry, cuja «poesia nós nunca conseguiremos compreender na sua totalidade», e também contra os romances de Proust, mostra bem o seu desejo de se dissociar dessa alta cultura, que lhe parece não ser mais do que um instrumento de opressão. Isso porque, segundo ele, os burgueses podem compreender a literatura, mas nunca entenderão o que é «a pobreza centenária e a revolta centenária».[7]

Conviria questionar este «nós» em que Nizan acredita poder se inscrever pelo efeito de um ato decisório: é provável que o filho de um trabalhador, ou mesmo que o neto de um trabalhador, não leia Valéry ou Proust da mesma forma como o faria o filho de um burguês ou de um aristocrata, uma vez que, como vimos, a relação que um leitor estabelece com as situações retratadas, com os personagens, com as interações entre eles, ou simplesmente

---

7.   Nizan, «Secrets de famille», op. cit.

com os lugares, bairros, ruas e apartamentos que nessas obras são descritos, pode não ser a mesma para leitores de origens diferentes. Mas Nizan teve tempo e capacidade para ler Proust e Valéry, o que não foi o caso de seus pais. E podemos nos perguntar se um antigo aluno da *rue* d'Ulm[8] que se tornou professor, escritor e jornalista poderia reivindicar essa distância fundamental entre ele próprio e as obras literárias de que se alimenta e cuja leitura é constitutiva dos trabalhos que faz, de sua identidade social, e de sua personalidade: a burguesia comercial lê sem dúvida menos romances e poemas — e tende a desconfiar daqueles que leem muito esses gêneros — do que aquele jovem intelectual que, aos 26 anos de idade, escreveu *Áden, Arábia*, enviava artigos para revistas literárias e se projetava como o futuro romancista que ele depois viria a ser... Nizan se sentia certamente mais à vontade nessas paragens culturais do que os industriais e comerciantes que ele atacava em *Les Chiens de garde* [Os cães de guarda]. Por essa razão, ele pertencia a uma certa burguesia, aquela que desfruta das grandes obras. Eu não diria que no caso dele se trata de insinceridade ou mesmo de autoengano ou cegueira em relação a si próprio. Mas sim da contradição que desagrega

---

8. Pequena rua localizada no Quartier Latin, no centro de Paris, que dá acesso às mais renomadas universidades da França, como o Collège de France, a Sorbonne e a École Normale Supérieure. [N. T.]

o seu ser social, e também o seu ser político. Ele queria romper com a filosofia institucional e desligada do real que lhe tinha sido ensinada na Sorbonne, e colocar a sua escrita a serviço dos verdadeiros humanos, da humanidade que sofre. Tornou-se um intelectual engajado. No entanto, o relato da miséria não se transmite segundo as mesmas modalidades que o da alta cultura, da qual os nomes de Valéry e Proust aparecem aqui como designações com um valor paradigmático. Para o escritor, tal relato é ensinado por meio de um gesto de ruptura com o mundo das pessoas cultas ao qual ele pertence, e de recuperação de um passado que ele não viveu. Surge então a questão: como escrever essa herança não vivida? Nizan tem de recorrer às formas proporcionadas pela cultura legítima: o romance, por exemplo, ou o artigo literário, ou o jornalismo político. Pois, se ele diz «nós», se ele pretende se inscrever — politicamente — na história das realidades populares, na história das lutas dos trabalhadores, não se pode perder de vista que Nizan continua sendo um intelectual, e que a sua adesão ao marxismo, sua filiação organizacional ao partido que se apresenta como o defensor da classe trabalhadora, não anula o fato de que ele não tem mais nada a ver com os seus antepassados, dos quais anuncia que gostaria de se tornar ou voltar a ser o herdeiro, não somente biológico, mas sobretudo político, a fim de redefinir quem ele é socialmente. Ele terá de continuar a lidar com essa tensão que o atravessa e que ele sabe muito bem — e como poderia ser de outra forma? — que o atravessará para sempre.

2. A «cultura popular» e a reprodução social

Sempre quis saber como foi a juventude de minhas avós. Como eu disse antes, só tenho como considerar elementos muito gerais: operárias aos catorze anos, e até um pouco antes dessa idade, grávidas aos dezessete ou dezenove anos, mães aos dezoito ou vinte... Mas e o que elas pensavam, sobre o que falavam, com o que sonhavam? Tudo isso permanecerá para sempre inacessível para mim. Além disso, elas de fato tiveram uma juventude? Esse período da vida não será, em muitos aspectos, um privilégio burguês? Uma adolescência que atravessa a longa sequência dos anos de estudos e que adia, para aqueles que podem, a entrada na vida adulta? Mas e os outros? E aqueles que foram para a fábrica aos treze ou catorze anos, que se casaram e tiveram filhos antes dos vinte? O que aconteceu no intervalo entre o período em que começaram precocemente a trabalhar e o período em que «formaram uma família»? Sei que a minha avó paterna, aquela cuja vida consistia em boa medida em ficar presa, escravizada mesmo, pelas tarefas domésticas, não teve tempo de ter uma velhice, já que morreu aos 64 anos de idade. Após a morte de seu marido e a saída de seus filhos de casa, ela se mudou para um pequeno apartamento de dois quartos com seu filho com deficiência mental severa. Ela se sustentava fazendo faxinas em escritórios. Uma noite, ao voltar para casa, escorregou no gelo liso e fino que cobria a calçada, bateu a cabeça no chão e morreu alguns dias depois. Mas será que ela teve direito pelo menos a uma juventude? Minha pergunta, de fato, é: quem foi ela antes de se tornar ao mesmo tempo esposa e mãe (de nada menos do que doze filhos), portanto, a escrava da vida doméstica que eu via, quando criança, correndo de um lado para outro, fazendo várias coisas ao mesmo tempo?

Citei em um capítulo anterior uma passagem célebre e muito comentada do livro *As utilizações da cultura*, de Richard Hoggart, em que ele retrata o personagem da «mãe de família» nos círculos populares. Devemos, no entanto, lamentar que esse retrato, que soa tão verdadeiro, nos seja apresentado por Hoggart como sendo a imagem ideal de um «papel social», cujo desaparecimento, fruto das transformações modernas da «cultura de massa» e da atração exercida nessas camadas pelos «lazeres da indústria cultural», deveríamos temer. É assim que Hoggart expressa sua preocupação:

> Podemos nos perguntar até que ponto tudo isso se transmite às jovens que caminham à noite nas ruas. Elas parecem preencher o período que vai do fim da escola até o momento em que se casam, indo três vezes por semana ao cinema para assistir a «dramas românticos» ou filmes musicais, vivendo histórias de amor fantasiosas ou indo de um salão de dança para outro, Le Palais, La Mecque, Le Locarno...

Em suma, o trabalho delas — são operárias da indústria têxtil na região de Leeds — mobiliza apenas uma pequena parte de sua atenção, como se não fizesse parte de suas vidas: elas não se interessam por nada, muito menos pelas atividades sindicais nas fábricas onde trabalham o dia inteiro, e menos ainda pela política. Elas não se preocupariam nem um pouco com a gestão cotidiana da vida doméstica. Seriam elas frívolas e imprudentes? Claro! Mas, ele se apressa em acrescentar, «a situação nem sempre é *tão ruim* quanto parece. [...] Porque dificilmente ocorre uma revolta contra o lar, contra a família».[9] Essas jovens vivem apenas um breve período de liberdade sem responsabilidades — alguns anos no máximo —, e, uma vez fechado esse parêntese, isto é, uma vez encontrado o homem com quem se casarão, elas retomam, por conta própria, a realidade que conheceram antes dos bailes e dos amores no cinema. Elas querem ser como suas mães e avós tinham sido. Por isso, assumem os gestos aprendidos na infância — por observação ou participação —, como o da maneira adequada de segurar um bebê nos braços. É claro que o aprendizado do «papel» de esposa e mãe não transcorre sem dificuldade ou empecilho! Mas elas aprendem. Com exceção de algumas «desmioladas» (*the more careless*, diz o texto em inglês: «as mais negligentes»), que se recusam a aprender (*refuse to learn*) e preferem continuar «a fumar e a ir ao cinema enquanto seus filhos malcriados andam soltos e sozinhos pelas ruas». E eu, que nada sei desse curto período da vida de minhas avós, tenho, no entanto, a impressão de que, se por um lado uma delas, que de modo algum teve tempo para aproveitar a liberdade e os prazeres de que fala Hoggart com tanto desdém, se dobrou sem muito resistir às exigências

9. «Matters are not always *as bad* as they first appear» (Hoggart, *The Uses of Literacy*, op. cit., p. 31; e na tradução francesa, *La Culture du pauvre*, op. cit., p. 88). O grifo é meu.

das funções maternas e domésticas que a aguardavam; se ela «aprendeu», apesar das inevitáveis restrições e renúncias que isso implicava, a se tornar quem ela foi convocada a ser, minha outra avó, a mãe de minha mãe, teria gostado, creio eu, de se dar esses prazeres, até virar a «desmiolada» ou a «negligente» que tanto suscita a reprovação do sociólogo. Estou convencido de que, em alguma medida, ela nunca se resignou com o fato de não poder ter sido dessa maneira ao longo de toda a sua vida.

Obviamente, não há lugar para ela na paisagem pintada por Hoggart, assim como não há para a mãe de Carolyn Kay Steedman, cujas aspirações estavam a quilômetros de distância desse recrutamento cultural e social que lhe reserva o olhar do sociólogo moralizador. Segundo Steedman, ela queria comprar roupas «da moda» como as que via nas revistas, o que talvez explique por que, para marcar sua diferença, votava no Partido Conservador, enquanto em torno dela a atmosfera respirava os ares políticos do trabalhismo ou do radicalismo. Para a mãe de Steedman, assim como para minha avó, os filhos eram um fardo oneroso que as impedia de viver da maneira como teriam desejado. Elas queriam ser algo diferente daquilo que pretendiam que elas fossem ou fizessem, algo diferente do que socialmente, economicamente e culturalmente lhes foi permitido — ou possível — ser.

É por isso que Steedman dirige palavras tão duras contra o livro de Hoggart e contra o próprio autor, que elimina do quadro apresentado os personagens que fogem do campo da homogeneidade psicológica e da simplicidade que ele atribui ao mundo, àquele mundo que ele descreve com nostalgia depois de ter se esforçado tanto para sair dele.[10] O problema é que esse é um ponto central na abordagem interpretativa de Hoggart. Porque, precisamente, o que ele propõe no livro é uma interpretação, e até se pode falar em uma imposição de problemática. O livro inteiro pretende mostrar como as tradições da classe trabalhadora conseguem resistir aos processos de uniformização social que, segundo alguns, resultam da difusão da cultura de massa e das atividades comerciais de lazer. E as mulheres ocupam um lugar preponderante nesse quadro que ele pinta — é em grande medida o mundo visto por elas que ele nos expõe, mas tal como elas são vistas por ele — e encarnam o próprio exemplo da perpetuação da cultura popular, ao assumir as funções e os papéis que lhes são atribuídos. As poucas exceções que ele menciona, como as «negligentes» que acabam seduzidas pelas imagens veiculadas pela imprensa e pelo cinema, são, para favorecer

---

10.   Carolyn Kay Steedman, *Landscape for a Good Woman. A Story of Two Lives* [1987]. New Brunswick: Rutgers University Press, 2006.

a sua argumentação, brutalmente descartadas da matriz ideológica e das significações que ela imprime no que ele apresenta como uma descrição cheia de empatia. Estigmatizadas e insultadas pelo sociólogo, as mulheres livres apenas fazem uma breve aparição no palco de seu teatro menos realista do que ele gostaria de assumir (e menos modestamente empírico do que afirmam seus turiferários franceses). Elas representam a ameaça que ao longo de todo o livro se busca conjurar, pois é por meio delas que a mudança temida e a demolição que ela gera poderiam ocorrer. Estranho ressurgimento do mito imemorial da mulher corruptora em um discurso sociológico do qual o mínimo que podemos dizer é que lhe falta reflexividade sobre tudo o que veicula de impensado.[11]

O conteúdo e a tônica desse texto não deixam de surpreender. Que os papéis prescritos e as tarefas que eles implicam sejam transmitidos e perpetuados, quem poderia negar? Podemos até dizer que tudo transcorre como se o veredito social que atinge os indivíduos e os destina a cargos, funções, «lugares», se renovasse de geração em geração, sem, na maioria das vezes, ser contestado. Ao contrário, ele é aceito e reivindicado como parte de

---

11.   Hoggart, *The Uses* of *Literacy*, op. cit., pp. 31-3, e na sua tradução francesa, *La Culture du pauvre*, op. cit., pp. 87-90.

uma obviedade que não faria sentido questionar. E, sem dúvida, as mudanças não seguem os mesmos ritmos nas classes trabalhadoras e nos demais setores da sociedade (pode-se pensar que o tempo social se caracteriza por uma maior lentidão, até mesmo certa forma de inércia, nos dois polos mais opostos, a «alta sociedade» e o meio operário, do que nas camadas sociais que se situam entre eles).[12] Consequentemente, o sociólogo deve mostrar o mais meticulosamente possível como essa perpetuação se dá por transmissão e imitação, tanto com relação aos mecanismos objetivos quanto às percepções subjetivas, entre aqueles e aquelas cuja existência ele busca retratar. Isso faz parte de seu trabalho mais essencial.

Mas seu discurso se torna absurdo — e digamos sem rodeios: bastante revoltante — quando quer nos convencer de que devemos nos maravilhar com esses processos e com a imobilidade social a que eles conduzem. Porque, nesse caso, não estamos mais no marco de uma sociologia das classes populares, mas de um discurso político conservador e, também, particularmente antifeminista.

---

12. Sobre a perpetuação das estruturas familiares e dos papéis que delas dependem nos círculos aristocráticos e na classe média alta, ver Michel Pinçon e Monique Pinçon-Charlot, *Les Ghettos du Gotha. Au coeur de la grande bourgeoisie*. Paris: Seuil, 2010 (col. Points); Id., *Grandes Fortunes: dynasties familiales et formes de richesse en France*. Paris: Petite bibliothèque Payot, 2006.

O viés masculino, masculinista de sua obra é tão óbvio que nos perguntamos como foi e como ainda é possível para tantos leitores não se incomodar com a sua leitura. Só podemos aplaudir a intenção de revelar quais valores predominam nas classes populares, e mesmo defender estilos de vida e maneiras de ser e de pensar contra o desprezo de classe que os julga de cima de um pedestal e os condena categoricamente, sem compreender a visível necessidade daqueles e daquelas que os repetem dia após dia. Isso não significa que devamos celebrar esses valores, esses modos de vida e essas maneiras de ser e de pensar, e menos ainda deplorar as transformações que os afetariam ou as perspectivas de liberdade — em todo caso, afirmadas como tais por aqueles e aquelas que as colocam em prática — que poderiam advir dessas mudanças. Assim, o personagem da «mãe de família», valorizado com tanta comoção, tem como seu avesso aquele, vilipendiado, da mulher ávida por liberdade, que manifesta aos olhos de todos o seu desejo de continuar a viver como bem quer e deseja, sem se submeter às injunções sociais, e que por isso parece encarnar, aos olhos do arauto da tradição popular, a figura da traidora dos valores de sua classe e a vergonha de seu mundo. Não há nada de muito original na posição adotada por Hoggart. Ela se assemelha a todas aquelas deplorações nostálgicas que anteontem,

ontem, hoje e amanhã, sem dúvida, desejaram, desejam e desejarão opor os modos de vida nos quais os papéis e as relações são regulados e codificados pelas estruturas tradicionais da vida familiar aos perigos de uma desintegração generalizada das relações sociais que seria causada por aspirações «individualistas» de emancipação de modelos herdados (o pavor que os conservadores à direita e à esquerda sentem pelos «indivíduos emancipados»). O projeto de descrever um mundo inevitavelmente preso entre as forças da inércia e as da mudança conduz assim (mas não seria este o seu ponto de partida? Mais do que uma consequência da abordagem, o que a desencadeia e a anima?) a uma condenação veemente daqueles e daquelas que parecem encarnar a mudança, por se desviar das trajetórias definidas previamente ou por mostrar falta de entusiasmo com as funções obrigatórias.

Compreende-se que a abordagem de Hoggart, que aparentemente consiste em mostrar que a cultura popular é dotada de certa autonomia, de certa permanência, e em mostrar que as novidades que nela se introduzem são sempre retraduzidas, reinterpretadas, reformuladas nos termos culturais que as precediam, muitas vezes se baseia em um olhar complacente e completamente acrítico... digamos simplesmente populista. É alguém que, já não fazendo parte dela, resolve promover uma ideia da classe operária que ele mesmo se dá conta de que poderia ser — ao menos em parte — questionada por certo número daqueles e, nesse caso, daquelas que continuam a pertencer a esse espaço social e que vivenciam as regras e normas que aí prevalecem como coerções insustentáveis.

Tal abordagem acaba dotando a classe trabalhadora de uma moral engessada — em particular familiar e sexual — que se mantém apesar das perturbações provocadas por movimentos exteriores às estruturas tradicionais. O que é celebrado é a inércia dos *habitus*, das maneiras de ser, dos modos de ver o mundo e de perceber o seu lugar nele. Por exemplo, quanto à divisão sexual do trabalho, que sabemos ser mais rígida nas classes populares (mesmo quando se identificam politicamente com a «esquerda») e menos afetada pelas mudanças culturais do que nos círculos intelectuais ou naqueles da classe média (e da nova pequena burguesia), em especial em relação à manutenção das tarefas domésticas e responsabilidades familiares a cargo das mulheres. Basta ler o capítulo um tanto desconcertante que Hoggart dedica à «vida familiar» em sua autobiografia, ou as páginas em que ele distingue as mulheres que sempre sabem como arrumar a casa de um modo que a torna agradável e que sabem preparar um bom prato, daquelas que nunca conseguirão fazer nem uma coisa nem outra, para se convencer de que não estou fazendo uma leitura parcial e tendenciosa do livro. O que vemos projetado em seu livro de 1957 são suas fantasias pessoais sobre a vida familiar e sobre as relações entre homens e mulheres, que ele apresenta como uma reconstituição dos modos de vida da classe trabalhadora.[13]

Basicamente, Hoggart se consagra a uma operação muito clássica que consiste em dar uma imagem, uma ideia e, portanto, uma definição da classe trabalhadora e das classes populares que excluem ou marginalizam certo número de pessoas que a elas pertencem tanto quanto as demais. Pois sempre haverá diferenciações em certo meio, em um grupo social e, com muito mais razão, em uma classe. Vimos isso em relação às minhas avós, por exemplo. Essas duas figuras femininas — uma que Hoggart aprova e a outra que ele censura — convivem permanentemente na cultura popular. A operária que desejava ser livre e que para isso lutou contra tudo e contra todos não esperou até meados do século XX para fazer sua aparição no mundo social! Ela não surgiu como uma ameaça produzida pelo efeito das transformações culturais, da

13. Richard Hoggart, «'There's no vocabulary': On Family Life». In: *A Sort of Clowning 1940-1959*, reimpresso em *A Measured Life: The Times and Places of an Orphaned Intellectual*. New Brunswick e Londres: Transaction Publisher, 1994, p. 175, do segundo tomo (este volume reúne os três volumes da autobiografia de Hoggart, mas cada um conserva sua própria paginação).

indústria do entretenimento e da comunicação de massa (cinema, bailes, revistas femininas...). Ela sempre existiu e sempre vai existir. Ela também faz parte da classe trabalhadora. Ela encarna até mesmo uma figura tão tradicional quanto a da mãe de família, que sempre é celebrada, enquanto a outra é incansavelmente estigmatizada pelo discurso da filantropia burguesa do século XIX (mas também pelo olhar dos homens da classe operária). A ponto, aliás, de esta simples designação profissional, «operária», muitas vezes ter sido usada, como Joan W. Scott apontou, como sinônimo de «depravada».[14]

Joan W. Scott também mostrou magistralmente como E. P. Thompson, em seu livro *A formação da classe operária inglesa*, construiu um conceito de classe articulado a uma definição do trabalho e das formas de mobilização e de organização cujo perímetro era quase exclusivamente masculino, relegando as mulheres a modos de existência ou de associação que não correspondiam ao movimento operário consciente de si, tal como ele o caracterizava.[15] Da mesma forma, mas em uma perspectiva

---

14. Cf. Joan W. Scott, «'L'ouvrière, mot impie, sordide': le discours de l'économie politique française sur les ouvrières, 1840-1860», *Actes de la recherche en sciences sociales*, n. 83, 1990, pp. 2-15.

15. Id., «Les femmes dans *La Formation de la classe ouvrière anglaise*». In: *De l'utilité du genre*. Paris: Fayard, 2012, pp. 55-88.

inversa, Hoggart observa a vida das classes trabalhadoras a partir da casa da família, do lar, e é levado a ignorar ou a negligenciar o que acontece no local de trabalho, nos sindicatos, nas lutas etc., mas também a condenar as mulheres que vivem ou gostariam de viver fora da vida doméstica. Dada a quantidade de pessoas que, segundo a sua própria descrição, viviam nos poucos cômodos de uma casa, não deveria ser nada fácil ter momentos de privacidade, salvo aqueles que se enquadram no tipo de relação legal, ou pelo menos duradoura. Seu elogio da vida doméstica, do lar, aprova portanto, necessariamente, a exclusão da sexualidade livre. E, também, o que nem é preciso dizer, a exclusão da homossexualidade. A tal ponto, aliás, que ele parece ser incapaz de reconhecer uma relação sexual ou romântica entre duas mulheres, como vemos em *33 Newport Street*, quando descreve o casal que claramente uma de suas tias e sua companheira formam, antes de concluir, depois de haver tergiversado muito sobre a natureza do vínculo delas, que se tratava obviamente apenas de uma amizade estreita e que elas não dormiam juntas. Como se não existissem casais gays ou lésbicos nas classes populares dos anos 1930, ou mesmo o que é importante chamar de cultura gay e cultura lésbica.

De qualquer forma, suas alegações contra as mulheres livres são especialmente brutais porque formuladas em tom de obviedade. Mas é um ponto de vista que ele adota, aquele que deveriam adotar as «boas mães de família» em relação às mulheres «negligentes», e não aquele que devia ser o olhar das mulheres emancipadas sobre as donas de casa exploradas e submissas. Vemos que o que ele chama de «cultura» das classes populares, de suas tradições, apenas se refere a um recorte muito questionável, e podemos imaginar que o mesmo vale para muitas das páginas de seu livro: os vieses ideológicos são maciços e onipresentes. Ele construiu um artefato ideológico e nos deu como um trabalho etnográfico. Considerações baseadas em lembranças selecionadas sem terem passado pelo crivo da autoanálise não deveriam ser apresentadas como o retrato de um mundo, ou — porque ele mesmo sempre insiste nas limitações de seu livro — ser lidas por leitores fascinados por realidades que nunca conheceram como sendo o quadro completo de uma paisagem social e cultural.

*

Publicado em 1957, o livro de Hoggart pretendia refutar os discursos do desaparecimento das classes sociais que então prosperavam na Inglaterra (como em outros lugares, é claro), tanto nos círculos políticos quanto nos da sociologia acadêmica. A ideologia dominante sustentava que os processos de revolução pacífica em curso desde o fim da Segunda Guerra Mundial tinham resultado em uma espécie de integração de quase todas as camadas sociais em um vasto conjunto definido como «classe média», fora da qual se encontrariam apenas a altíssima burguesia, de um lado, e o subproletariado miserável, do outro.

O objetivo de todos esses discursos era, é claro, enfraquecer as bases do pensamento de esquerda — aquele das várias tradições socialistas e radicais operárias na Grã-Bretanha, ou o das tradições socialistas e comunistas operárias na França —, afirmando que a classe operária, trabalhadora, não existia mais. A ideia de que já não haveria classes sociais sempre se resume, no fim das contas, à ideia de que já não existe classe trabalhadora e que, portanto, o modelo político de um conflito social baseado no antagonismo de classes adviria de um arcaísmo ideológico do qual seria preciso se livrar o mais rápido possível. O gesto de Hoggart foi, portanto, apesar das críticas que acabei de fazer, particularmente importante.

Podemos até supor que ele tenha se divertido com as primeiras resenhas de *As utilizações da cultura*, cujos autores se mostravam surpresos com o quanto Hoggart era obcecado pela ideia de que a Inglaterra era uma sociedade dividida em classes, ao passo que qualquer pessoa razoável deveria saber que, àquela altura, as classes não existiam mais. Ele lembra que, vinte anos antes, Orwell havia deparado com as mesmas objeções, ao que deu destaque em seu livro *O caminho para Wigan Pier*. Trinta anos depois, no início da década de 1990, a rígida divisão da sociedade em classes ainda era evidente para ele, a ponto de ter escrito que o mais surpreendente e perturbador não era o fato de essas divisões sociais ainda se perpetuarem, já que são tenazes e profundamente enraizadas, mas o fato de que, década após década, se reitere a disposição para negá-las.[16]

Não foi exatamente assim que os neoconservadores da esquerda francesa acolheram *A distinção*, em 1979, acusando Pierre Bourdieu de ser o «último marxista»? E que, mais recentemente, os partidários da sociologia que se ensina nas escolas do poder viram em *Retorno a Reims* um livro no qual eu falava de realidades há muito desaparecidas? Aliás, realidades sobre as quais aqueles que os haviam precedido nessas disposições para propaganda política na época em questão faziam os mesmos discursos e já falavam sobre o desaparecimento das classes sociais. A força dessa negação é tal que ela pode

16. Richard Hoggart, *An Imagined Life, 1959-1991*. In: *A Measured Life*, op. cit., 3ª parte, pp. 5-6.

imperturbavelmente reaparecer, sem nunca ter desaparecido, segundo o esquema recorrente: «Ontem talvez tenha sido assim, mas hoje não mais...».

A crítica de Hoggart à ideologia do desaparecimento das classes não perdeu, portanto, nada de sua relevância nem de sua atualidade. Tanto na Inglaterra como na França, a tese da «medianização» não parou de florescer durante os anos 1980 e 1990, e depois nos 2000 e 2010 (é verdade que alguns hoje se sentem obrigados a falar de um «retorno das classes»! Felizmente, o ridículo não mata). Mas devemos realmente ignorar tudo sobre os anos 1950, 1960 e 1970 na França, colocando-os no saco dos «Trinta Anos Gloriosos», em que nem o medo do amanhã nem o medo do desemprego teriam existido. A dureza dos empregos, o alto custo de vida, as dificuldades para fechar o mês, a angústia de perder o emprego e os longos períodos em que realmente não se tinha emprego, tudo isso constituía a dose diária de realidade de boa parte da população, cuja vida é agora repintada retrospectivamente com cores brilhantes pelos novos representantes da sociologia burguesa.

Será que, como observa Robert Roberts no início de seu livro *The Classic Slum* [O clássico bairro pobre], como são raros os historiadores ou sociólogos que vieram das classes trabalhadoras, esse conhecimento direto, de dentro, nunca pode prevalecer às perspectivas falaciosas ou distorcidas propostas por pesquisadores nascidos em outras esferas do mundo social?[17] A lógica implacável da reprodução social que opera tão fortemente no sistema escolar e universitário (e em particular no acesso às instituições que abrem as portas aos cargos de professor do ensino superior ou pesquisador), tanto hoje como ontem, tem como um de seus mais terríveis resultados, no plano intelectual, uma uniformidade e, portanto, uma restrição do olhar sobre o mundo social, cujo corolário é a eliminação quase total do olhar que viria do mundo operário. A ausência de filhos de operários ou, de modo geral, de filhos das classes populares na produção do discurso «erudito» não pode deixar de ter múltiplos efeitos e múltiplos vieses que, na maioria das vezes despercebidos — e mascarados por afirmações pseudometodológicas —, não são menos maciços e brutais. Para poder desafiar o que se apresenta com todas as marcas e todas as garantias institucionais da autoridade científica, basta saber que é falso. Mas, para saber disso, é preciso ter pertencido aos

---

17. Robert Roberts, *The Classic Slum: Salford Life in the First Quarter of the Century* [1971]. Londres: Penguin, 1990, p. 9. Este livro me parece fornecer um enfoque muito diferente daquele encontrado nos livros de Hoggart, e, em muitos aspectos, explica a vida das classes trabalhadoras de maneira muito mais complexa e mais realista. O mesmo vale para sua autobiografia *A Ragged Schooling* [1976]. Manchester: Mandolin, 1997.

círculos descritos por aqueles que se dizem conhecedores eruditos do assunto. E é por isso que os falsos discursos têm um futuro brilhante pela frente.

No entanto, recusar-se a pensar em termos da «medianização» e insistir na permanência de uma identidade operária distinta e de uma cultura específica das classes populares — radicada tanto hoje quanto ontem em uma relação com o trabalho diferente daquela da classe média: ofícios manuais, esforço físico, *habitus* vinculados a outras heranças sociais, maneiras de falar etc. —, em que a oposição entre «nós» e «eles» continua a ser estruturante (apesar do conteúdo instável e flutuante tanto do «nós» quanto do «eles»), não obriga à adoção dos valores que se pretendem restituir. Teríamos, portanto, apenas a escolha entre as abordagens ideológicas que pretendem elidir qualquer ideia de classe social e as que reconhecem sua existência, em particular a da classe trabalhadora, mas que querem nos convencer de que é preciso glorificar seus modos de ser e pensar como formas de uma resistência, que operariam aliás apenas no nível da inércia cultural, da perpetuação dos *habitus*, da permanência das identidades, visto que as realidades da fábrica, do trabalho, do sindicalismo, da política estão quase ausentes do livro de Hoggart. Depois de ler seu manuscrito, um de seus colegas marxistas o criticou por isso. Ele respondeu a essa crítica dizendo que, sem dúvida, deveria ter situado sua história em um contexto maior, mais amplo, mas que se tratava para ele de resgatar sua experiência pessoal, ligada à vida familiar de sua infância e adolescência, razão pela qual seu livro é centrado na vida doméstica (e, portanto, na vida das mulheres que nela predominam), sem pretender «ter o caráter cientificamente embasado de um estudo sociológico» nem «dominar um conhecimento mais amplo».[18] Na realidade, isso significa, simplesmente, que ele deixou o mundo operário no final da adolescência, quando foi à escola e, sobretudo, quando foi cursar o ensino superior, e que não conhece o universo da fábrica. E, se podemos muito bem admitir que ele escolheu estudar, precisamente, apenas os modos de existência que se situam fora do tempo passado no local de trabalho, valendo-se de suas memórias, é mais difícil aceitar que ele tenha se entregado à tarefa de elogiar a imutabilidade e a capacidade de resistir às mudanças de um mundo e de uma cultura a que já não pertencia e, como assinala Steedman, aos quais ele fizera de tudo para deixar de pertencer. Basta ler as páginas, aliás lindíssimas, de sua autobiografia, em que ele recorda o início da sua

---

18.   Hoggart, *The Uses of Literacy*, op. cit., p. 12, e na tradução francesa *La Culture du pauvre*, op. cit., p. 29; e Id., *A Sort of Clowning*, op. cit., p. 142.

ascensão social e, em particular, os momentos em que se deu conta pela primeira vez de que queria — e de que iria — abandonar o seu meio familiar, animado pela certeza de que «este era o caminho» que o esperava e que ele devia seguir, «como se um puro instinto» o empurrasse para «modos de viver e de ver a vida» que o bairro onde vivia não lhe oferecia: «Com o passar das semanas e dos meses, vi que eles podiam ser encontrados em outro lugar e que eram, em certos aspectos importantes, preferíveis aos que eu conhecia».[19]

*

O caso de Hoggart não é isolado. Até mesmo Raymond Williams, embora muito mais progressista e muito mais engajado, não escapa desse viés fortemente conservador na maneira como enxerga a classe trabalhadora e os desafios que ela enfrenta. É impressionante o quanto isso fica explícito em seu romance de 1964, *Second Generation*.[20] Nele, os perigos que ameaçam a classe traba-

19. Id., *33 Newport Street*, op. cit., p. 209.

20. Raymond Williams, *Border Country* [1960]. Cardigan: Parthian, 2006 (The Library of Wales) (comentei este livro no final de *Retorno a Reims*, op. cit., pp. 221-2), e Id., *Second Generation*, op. cit.

lhadora são de dois tipos: primeiro, econômico, com as demissões sazonais e os períodos de desemprego que se seguem; segundo, moral, com a potencial contaminação dos valores populares pelos estilos de vida «livres» dos círculos intelectuais. A representação de Williams da luta que se organiza dentro da fábrica contra as decisões dos patrões, da solidariedade que ali se manifesta — com dificuldade, parcialmente, quiçá temporariamente, mas em todo caso intensamente —, inclui como uma de suas dimensões a defesa dos valores tradicionais da família outrora abalados pela atração exercida — independentemente dos momentos de crise aguda em que os laços afetivos autênticos se reconstituem por si sós — pela modernidade encarnada por uma esquerda acadêmica que promoveria outras possibilidades e outros modelos (especialmente no campo da sexualidade).

O livro tem como cenário Oxford, uma cidade dividida, geográfica e socialmente: de um lado, os edifícios góticos e neogóticos da universidade, e os professores e alunos que, de geração em geração, neles habitam, ou nas suas proximidades; e, de outro, as grandes fábricas da indústria automobilística e os bairros onde moram os operários que nelas trabalham. O filho de uma família operária está prestes a terminar sua tese de sociologia, mas, ao final de uma série de acontecimentos, decide não a defender. De repente, ele passou a se sentir pouco à vontade no meio social ao qual estava tendo acesso e cujo *ethos* de classe, simbolizado pelo desembaraço, demonstrado em todas as circunstâncias, ao se vestir e principalmente ao falar — o sotaque, o tom de voz —, contrasta tanto com o da casa de sua família, para onde retorna todas as noites, que ele não consegue mais lidar com essa dissociação de si mesmo em dois seres diferentes. A atração e o fascínio exercidos pelo meio intelectual, tal como descrito por Williams, não impedem em absoluto que ele provoque naqueles que o penetram, sem desde sempre conhecer seus códigos, um profundo mal-estar, chegando ao desespero que é gerado pela insegurança, e que às vezes leva à raiva, à fúria, ao nojo, ao ódio contra alguns de seus ocupantes «naturais». Aliás, que trânsfuga de classe não experimentou, em um momento ou outro da vida, isto que esse romance tão bem conseguiu relatar: a impressão permanente de ser um estrangeiro que não fala a língua do universo em que aportou, e que percebe que, apesar de todos os seus esforços passados, presentes e futuros, nunca conseguirá realmente aprendê-la, dominando-a como se domina uma língua materna; essa certeza de que lhe será impossível educar seu corpo e seus reflexos para saber como se comportar, como se mover, como reagir de acordo com as regras estabelecidas; e essa sensação quase física de estar para sempre excluído daquilo a que aspira e até mesmo daquilo a que já tem acesso. O aluno brilhante abre mão, então, da carreira acadêmica que lhe foi oferecida, para se empregar na fábrica, trabalhar na linha de montagem e assim fazer um estudo sociológico o mais próximo possível da vida daqueles sobre quem vai escrever, dando as costas para a sociologia que se contenta apenas com publicar relatórios cheios de dados e números para uso dos dominantes. Seu pai, que se orgulhava do sucesso do filho, tem dificuldade para entender como este podia querer, depois de dezoito anos de estudos, voltar ao ponto em que ele mesmo começara profissionalmente e no qual permaneceu durante toda a vida. Acima de tudo, o pai o questiona dizendo que ir à fábrica não lhe permitirá anular a distância que já se instalou: ele continuará sendo um intruso, alguém de fora desse mundo do trabalho ao qual quer se integrar, exterior ao que acredita poder estudar por dentro, na medida em que sempre terá, ao contrário dos outros trabalhadores, a liberdade de parar e de retornar para a vida universitária. O que de fato faz uma enorme diferença.

A reconciliação do trânsfuga com o seu meio de origem, do qual começava a se afastar, mas do qual aos poucos foi percebendo que era importante se manter o mais próximo possível, se faz graças ao poder de integração do casamento com uma jovem moça desse meio, com quem se relacionou desde a infância, mas que ele abandonou cedendo aos encantos de uma típica representante da burguesia intelectual liberal. Portanto, ele acaba sendo salvo por sua adesão renovada aos valores familiares tradicionais da classe trabalhadora, que Raymond Williams celebra aqui de maneira bastante penosa e, de qualquer forma, tão conservadora e retrógrada quanto Hoggart.

É preciso dizer que Williams chega nesse volume a uma conclusão muito diferente daquela de seu outro livro, *Border Country*. Aqui, o filho da classe trabalhadora, que havia se tornado professor universitário, apenas pôde observar a distância que se instaurou entre ele e sua família. Medir a distância não significa nada mais do que medir a distância, diz ele no final do livro, e seria ilusório acreditar que essa distância poderia ser anulada. Tomar consciência dessa verdade é o que permite acabar com o sentimento de «exílio». No máximo, deve-se procurar não negar o mundo do qual se veio, em particular permanecendo fiel às opções políticas ligadas à defesa das classes populares. Posteriormente, ao comentar esse romance, ele explicará que desejava se afastar de uma tradição literária já bem estabelecida na Grã-Bretanha, na qual acadêmicos provenientes das classes populares falavam sobre sua trajetória expressando a desilusão que haviam sentido no novo meio em que tinham conseguido entrar e contando como, a partir daí, se voltaram com nostalgia para o mundo de sua infância (nostalgia que aliás não falta em seu livro, apresentando-se sob a forma de uma melancolia ligada ao sentimento de distância irremediável). Sem dúvida ele entendeu que era difícil não conceder um lugar central a esse desencanto, já que o romance seguinte, *Second Generation*, gira quase inteiramente em torno desse tema. O filho de um operário que se tornou pesquisador na área de sociologia acredita que pode apagar, por efeito de uma decisão radical, a distância já instaurada, a fim de poder voltar a ser como seus pais. Mas eles o lembram de que é tarde demais para isso. O livro termina com esta observação: o jovem renuncia ao meio no qual ia se instalar, mas já não pertence àquele do qual viera.

Em *Border Country*, a distância foi simbolizada pela viagem de trem do professor universitário saindo de Londres para se encontrar com sua família, em um vilarejo do País de Gales, durante a doença e, em seguida, a morte de seu pai. Em *Second Generation*, o jovem sociólogo ainda não é professor e mora na mesma cidade que seus pais, e mais precisamente com eles. Ele não vai embora. No entanto, seus pais o fazem saber que, de certa forma, ele teve um percurso semelhante, já que tomou um caminho que o levou inevitavelmente a outro lugar, socialmente falando, e que nada poderia mudar isso.

Quando comenta seu romance *Second Generation* no livro de entrevistas publicado em 1979, intitulado *Politics and Letters* [Política e letras], Williams retorna a essa oposição sobre a qual insistira em seu romance «oxfordiano» entre a esquerda intelectual e a esquerda dos trabalhadores, sendo a primeira, a seu ver, no final da década de 1950 e início da década de 1960, uma poderosa ameaça para a última. Sem dúvida, Williams queria expressar sua amargura em relação ao comportamento e aos modos de ser de certos acadêmicos, e é por isso que, respondendo às perguntas de seus entrevistadores, ele critica duramente «essas figuras características da esquerda» (especificando-as: «vimos depois de que tipo de esquerda se tratava»), «intelectualmente ativas no Labour Party [Partido Trabalhista inglês]», cujo compromisso político nada tinha a ver com a classe trabalhadora militante, que foi «usada» e «traída» por elas.

Mas ele vai muito além dessas amargas observações sobre os intelectuais de esquerda e sua relação com as classes populares. O que queria estabelecer, explica ele, era um vínculo entre a amoralidade pessoal — leia-se, a liberdade sexual — e a amoralidade social e política («*the connection between personal and social corruption*» [a conexão entre a corrupção pessoal e a social]) dos representantes desse mundo acadêmico. Ele continua exprimindo essa posição — sendo que a pergunta feita por seus interlocutores marxistas da *New Left Review* tinha a ver explicitamente com a maneira como ele aproxima muito diretamente *«the absence of sexual integrity»* [a ausência de integridade sexual], que caracterizava vários personagens do romance, de seu pertencimento à burguesia acadêmica, e que, por essa única razão, são remetidos ao universo da «reação»:

> Acho que senti no final dos anos 1950 e início dos 1960 que o que aconteceu à esquerda e à classe trabalhadora envolvia alguma forma de ruptura mais profunda do que geralmente admitíamos. A retórica da época era aquela da liberação e da conquista [*«of liberation and breakthrough»*], o que me parecia excessivamente simples. E, só de observar uma série de pessoas, tive uma sensação de grande perigo — quanto ao preço a pagar por diferentes maneiras de tentar viver sob a pressão de uma ordem que sistematicamente as frustrava. Mais do que todos os meus outros romances, *Second Generation* é baseado na observação direta. [...] Espero que ao exibir algo tão essencial como a divisão entre a vida intelectual e a vida manual, coabitando na mesma cidade, eu tenha

conseguido, pelo menos, mostrar o verdadeiro teatro no qual todas essas confusões eram produzidas.[21]

O único logro desse romance é que a cena do teatro urbano em que se desenrola o drama da divisão social parece se reproduzir, em escala individual, na vida do jovem trânsfuga. Basicamente, o livro (do qual é preciso dizer que é bem ruim, e que só interessa porque o autor é Raymond Williams) levanta uma série de perguntas, para as quais talvez não haja respostas tão simples como ele gostaria de fazer crer: qual é o preço a pagar pela ascensão social? O que os estudos superiores produzem nos filhos da classe trabalhadora? Como permanecer fiel ao passado quando a trajetória se desvia daquela de seus pais? E, quem sabe, também: é possível sair de sua classe social sem sair de sua cidade? E, consequentemente, é possível acessar a cultura sem negar os valores do meio do qual se veio e, nesse caso, sem rejeitar os valores tradicionais do casamento e da vida familiar diante dos valores que Williams considera derivados de uma liberdade individualista e corruptora, sinônima, a seu ver, de libertinagem

---

21.   Id., *Politics and Letters. Interviews with the* New Left Review. Londres: NLB/Verso, 1979, pp. 287-9.

e cinismo? Se não for, como os valores preservados pelo trânsfuga se chocam com os do mundo a que ele chega?

O que podemos censurar em Williams, evidentemente, não é o fato de ele ter mostrado como diferentes sistemas de valor podiam coexistir em uma cidade de médio porte, com seus espaços sociais tão claramente delimitados (fábricas e universidade, bairros onde vivem os trabalhadores e bairros onde vivem os universitários), e como eles podiam entrar em contato uns com os outros, seja por meio das reuniões do Partido Trabalhista, ou do ingresso de um filho da classe trabalhadora no ensino superior (o que sem dúvida era muito raro, ainda mais em Oxford ou Cambridge), com todas as dificuldades e todas as feridas inevitáveis que tais deslocamentos no espaço social produzem, sendo que, obviamente, a rigidez da estrutura de classes não é de forma alguma afetada por esses poucos percursos individuais. O que é chocante é que ele nos oferece um romance edificante, cujo desfecho mostra duas famílias operárias reconciliadas em torno do que ele considera seus verdadeiros valores, depois de terem sido ameaçadas pela «corrupção», tanto moral quanto sexual, que prevalece nos círculos intelectuais. O sociólogo marxista se tornou um pregador puritano.

O romance de Williams pode, assim, ser lido como uma crítica à liberdade sexual praticada e reivindicada nos círculos acadêmicos e à profunda perturbação que esses modos de vida introduzem na reprodução saudável da moral operária. É verdade que mais tarde Williams se interessaria pelo movimento feminista e tentaria integrá-lo à sua maneira de pensar a política e a cultura (ao mesmo tempo que se surpreendia com a importância adquirida pela psicanálise no movimento das mulheres, quando ele considerava a doutrina psicanalítica e seus «universais» como o oposto absoluto da abordagem histórica e social que pretendia implementar). Mas encontramos em sua obra, tal como na de Hoggart, isto é, nos dois autores cujas obras foram fundadoras dos «Cultural studies», a mesma orientação fundamentalmente avaliadora, o mesmo intervencionismo intelectual e político, muito alheios à ideia agora difundida de que eles teriam nos oferecido apenas descrições cheias de simpatia pela classe trabalhadora, mas sem fazer nenhum julgamento de valor. Sabe-se, por exemplo, que Hoggart se opunha a que usassem seu livro sobre cultura popular no âmbito dos «Estudos Feministas», «Estudos Negros», «Estudos Gays» etc. Também se sabe das absurdas e retrógradas bobagens que ele disse no início de seu livro *33 Newport Street* contra a ideia de que se possa falar de uma «comunidade afro-caribenha», de uma «comunidade étnica», de uma «comunidade homossexual», de uma «comunidade lésbica» etc., alegando que são conjuntos que não estariam ligados por uma «unidade». Tais observações se situam realmente abaixo do grau zero de uma abordagem crítica da noção de «comunidade» ou «cultura», mostrando que ele tinha por projeto apenas o estudo de uma única «cultura», aquela da qual ele provinha, reduzida ao que dela ele havia conhecido, ou antes, ao que dela ele quis guardar.

*

É importante lembrar, na medida em que os livros de Hoggart foram e são usados na França como instrumentos de luta contra a sociologia crítica, as teorias da dominação simbólica e o «legitimismo» que lhes foi imputado (isto é, a ideia irrefutável, uma vez declarada e demonstrada, de que existiria uma cultura legítima que se impõe a todos, mesmo aos que dela são excluídos, ou, de todo modo, que a cultura popular está presa em um sistema em que é definida, como expropriação e privação, somente em relação à cultura legítima — e esta não precisa ser vivenciada subjetivamente pelos indivíduos em todas as circunstâncias para que a posição objetiva na estrutura das relações produza efeitos poderosos de sujeição e inferiorização), que o autor de *As utilizações da cultura* sempre foi, aliás como Raymond Williams, um dos mais eminentes representantes de um tipo de «legitimismo» cultural que podemos qualificar como militante. Os esforços de ambos em estudar a «cultura» das classes populares como um conjunto de tradições, valores, modos de ser que tendem a se perpetuar, nunca os impediram de lamentar que aqueles que pertencem a tal cultura fossem privados da possibilidade de estudar. Eles não param de deplorar isso. E, acima de tudo, de tentar remediar essa situação. Inclusive, é em torno dessas questões que se organizaram suas carreiras universitárias. Ambos se dedicaram durante longos anos à educação de adultos (*Adult Education*), destinada a garantir acesso ao ensino superior às pessoas que buscavam retomar os estudos. Eram professores «para além dos muros» da universidade, ou seja, davam aulas em pequenas cidades localizadas em um perímetro regional na circunscrição de uma grande universidade: Hull para Hoggart, Oxford para Williams. Tiraram dessa experiência o grande orgulho de terem possibilitado que pessoas que não tiveram a oportunidade de adquirir os conhecimentos universitários enfim pudessem se beneficiar deles.[22]

22. Richard Hoggart, «A Wandering Teacher». In: *A Sort of Clowning*, op. cit., pp. 71-147; e Raymond Williams, «Adult Education». In: *Politics and Letters*, op. cit., pp. 78-84.

Hoggart e Williams eram professores de literatura inglesa. E é nessa área de especialização que grande parte de seus trabalhos surge. O primeiro livro de Hoggart, por exemplo, em 1951, seis anos antes de *As utilizações da cultura*, foi dedicado a W. H. Auden. No segundo volume da sua autobiografia, ele relata que naquela ocasião foi convidado a falar em programas de rádio, em particular numa estação regional de Bristol na qual se pedia a especialistas que lessem e explicassem a poesia para um público amplo, visando também promover uma «forma de educação de adultos». Ele ficou feliz de poder escolher um poema de seu autor favorito.[23]

Hoggart também ressalta que não lhe parecia suficiente ensinar apenas literatura inglesa: teria sido uma «pena» se os alunos que frequentavam suas aulas, e para os quais se «abriam novos horizontes», não tivessem a oportunidade de ler também «Dostoiévski, Tchekhov, Stendhal, Flaubert, Proust, Mann, ainda que por meio de suas traduções».[24]

E, ao sintetizar o que constitui a unidade dos centros de interesse que marcaram a sua vida universitária e intelectual, ele menciona «o direito a um acesso mais

23. Hoggart, *A Sort of Clowning*, op. cit., pp. 138-9.

24. Ibid., p. 134.

amplo ao ensino superior» e também «a necessidade de um acesso mais amplo às artes na medida em que estas oferecem as explorações mais escrupulosas que podemos fazer sobre a nossa personalidade e as nossas relações, bem como sobre a natureza da sociedade»... Ele ainda acrescenta e especifica que, como «suporte a tudo isso, conta-se com o melhor uso que podemos fazer dos meios de comunicação de massa».[25]

Hoggart insiste permanentemente na exclusão escolar e na expropriação cultural de que são vítimas as classes populares, ainda que faça a observação de que a interrupção dos estudos seja algo desejado pelas famílias, que, mesmo quando um filho pode ir à escola por mais tempo, além dos dezesseis anos, consideram isso um luxo ao qual não podem se dar, e também que a família precisa do salário que ele poderá levar para casa. Eliminação e autoeliminação caminham juntas para definir a exclusão escolar das classes populares. Aos que falam em democratização da escola, ele objeta veementemente que «as grandes correlações existentes entre a família, o bairro, o dinheiro, a classe social e a educação primária, de um lado, e as oportunidades intelectuais, escolares e profissionais, de outro, permanecem muito fortes».

25.   Hoggart, *An Imagined Life*, op. cit., p. 26.

Hoggart expressa sua amargura em memória de todas «essas pessoas inteligentes que foram abandonadas no caminho». É por essa razão que ele poderá sustentar, contradizendo de maneira bastante contundente suas análises anteriores sobre a «resistência» às mutações impostas pela cultura de massa, que, se «a vida das classes trabalhadoras britânicas ainda é dominada por essa imobilidade esmagadora, por essa ausência de expectativas e perspectivas, e por essa triste resignação», tudo isso pode ser explicado com «base nas classes e no viés de classe do sistema educacional em todos os níveis», bem como pelo papel que desempenha o «aparato dos meios de comunicação de massa que parece aberto e às vezes até radical, mas que raramente critica os motores e processos que mantêm as coisas no estado inaceitável em que se encontram, e que qualquer um que tome distância e faça uma análise da situação irá constatar».[26]

Convém, portanto, abordar outro aspecto da perspectiva assumida por Hoggart. Apesar de todos os seus esforços para explicar e compreender a situação das classes populares, muitas vezes ele dirige palavras muito duras contra aqueles que pertencem a esse mundo que

---

26.   Id., *33 Newport Street*, op. cit., pp. 237-8 e 178.

ele estudou em *As utilizações da cultura* e sobre o qual discorre longamente em sua autobiografia (que ele prefere chamar de «*A Life and Times*» [Uma vida e seu tempo], em vez de «Autobiografia», pois procurou, diz ele, inserir apenas elementos que tivessem um alcance histórico e social). Seu olhar costuma ser muito crítico. Vimos isso antes, no que diz respeito às mulheres. Mas, curiosamente, se nesse caso ele não escondeu sua predileção pelas escolhas mais conformistas, é o profundo conformismo que reina nos círculos operários que lhe parecerá, em seus escritos posteriores, ser o mais condenável. Ele insiste que o que é chamado de «movimento operário» representa apenas uma pequena minoria das classes populares e que, em geral, o interesse pela política só surge intermitentemente. A atitude mais comum poderia ser definida como um misto de indiferença e desconfiança em relação à política em geral, que é também encarada com um fatalismo que tende a repetir que nada vai mudar e que não existe nada, ou que não existem grandes coisas, a esperar da vida eleitoral e das mudanças de governo. Ficamos com a impressão de que seu olhar mudou consideravelmente entre a época em que escreveu *As utilizações da cultura*, em meados da década de 1950, e a época em que estava escrevendo os volumes de sua autobiografia (no final dos anos 1980 e início dos 1990). Em várias ocasiões, e em particular no capítulo em que, precisamente, reflete sobre o que significa escrever uma autobiografia, Hoggart sublinha, por exemplo, que nas classes populares sempre se evita, ou melhor, que não há grande preocupação de construir marcos intelectuais para pensar as experiências vividas no espaço e no tempo. É como se a existência simplesmente colidisse com uma sucessão de eventos não relacionados entre si: uma «contingência permanente que nada organiza» («*an unordered thisness*»). E essa é a razão pela qual as conversas em casa, no local de trabalho, no bar etc. são anedóticas ou andam sempre sobre os trilhos de uma opinião convencional nunca questionada. Hoggart chega a escrever que a capacidade de sintetizar e de refletir seria, portanto, o maior benefício que pode ser obtido pelo filho da classe trabalhadora que consegue romper com esse conformismo generalizado (ele analisa da mesma forma a burguesia, mas assinala que, se em toda parte se encontram famílias e indivíduos que fogem a tal descrição, são mais raros na classe trabalhadora do que na burguesia, e que negar essa evidência, como fazem algumas pessoas que querem parecer «liberadas», limita as possibilidades de uma análise que poderia levar à mudança). E é obviamente por meio dos estudos e da aquisição de cultura que tal ruptura pode ocorrer da melhor maneira e de modo mais eficaz.[27]

Ao ler esses diferentes textos de Hoggart, poderíamos dizer que às vezes eles são populistas (enaltecem o povo), às vezes, miserabilistas (consideram o povo com condescendência e o veem como oprimido). Mas, no fundo, essas duas atitudes não são contraditórias: elas provêm da ausência, em sua abordagem, de uma teoria da dominação. O que chama atenção — e esse também é o caso de Williams, embora ele elogie os trabalhos de Bourdieu sobre o sistema escolar — é que Hoggart pode descrever a privação cultural e intelectual vivida por aqueles que pertencem às classes populares em função de sua eliminação rápida e quase automática do sistema escolar, sem analisar o papel da cultura legítima e do sistema escolar, no qual ela é ensinada, nos processos da eliminação e, portanto, da reprodução das classes sociais. É como se fossem registros totalmente separados. Ele fica indignado com o fato de que as classes trabalhadoras sejam deixadas à própria sorte, abandonadas à margem do percurso escolar que conduz à cultura legítima, e se pergunta como seria possível dar-lhes acesso ao conhecimento das artes

---

27.   Ver Id., «A Shape Proper to Itself? On Writing a 'Life and Times'». In: *A Sort of Clowning*, op. cit., pp. 213-5.

e da literatura. Mas em nenhum momento ele se pergunta sobre a maneira como a posse ou a falta da posse da cultura legítima funciona como uma das principais engrenagens na distribuição desigual das chances de ingressar nos ensinos médio e superior e de neles obter sucesso. O que falta nas suas análises é a abordagem relacional, estrutural, que lhe permitiria explicar a forma como funciona o capital cultural na perpetuação da estrutura social. No fundo, ele é muito legitimista, como vimos — ele acredita no valor superior da alta cultura —, mas poderíamos dizer que é um «legitimismo» ingênuo, sem análise da legitimidade como sistema, e como sistema propenso a se manter como um sistema hierárquico. Ora, é impossível pensar a eliminação sistemática das classes populares do sistema escolar sem tentar compreender o papel e a função do capital cultural nos mecanismos que garantem a reprodução desigual da ordem social.

Consequentemente, é preciso fazer uma distinção cuidadosa entre os dois significados da palavra «cultura»: no sentido etnográfico do termo, pode-se falar de uma «cultura popular», mas, no funcionamento da estrutura social como um sistema de oposições, essa cultura popular está condenada a sempre se encontrar em uma posição de inferioridade fundamental em relação à cultura legítima (aquela que é ensinada no âmbito dos estudos superiores). Nessa estrutura hierárquica, não há «cultura popular», ou então essa «cultura popular» é precisamente aquela por meio da qual o «povo» é condenado à etiqueta da inferioridade.[28]

No fundo, a questão essencial que surge aqui poderia ser a seguinte: se tantos movimentos de protesto se basearam em processos de inversão do «estigma», para usar o vocabulário de Erving Goffman, que consistem em reivindicar com orgulho o que está fadado à vergonha e à inferioridade, é possível pensar que a «cultura operária» ou a «cultura popular» sejam suscetíveis da mesma abordagem? Podemos afirmar, não digo descrever, mas afirmar ou reivindicar a cultura operária ou a cultura popular contra a cultura legítima? As tradições de lutas e a história sindical podem obviamente dar forma e significado a essa ideia (embora as tradições do movimento operário reconheçam muitas vezes a ordem cultural ao contestar a ordem social e política). Mas é igualmente provável que os valores dos trabalhadores contribuam para que seus filhos se tornem eles próprios trabalhadores.

---

28. Cf. Pierre Bourdieu, *La Distinction*, op. cit., pp. 433-61; e também Id., *Système d'enseignement et systèmes de pensée*. Congresso mundial de sociologia, Évian, 5 a 12 de setembro de 1966. Documentos do Centro de Sociologia Europeia.

O livro de Paul Willis, que aliás vem da tradição dos «Cultural studies», deveria nos levar a acolher tal tentação com grande cautela. Ele demonstra de maneira tão deprimente quanto irrefutável que as injunções que lançam constantemente os valores da «cultura operária» como um conjunto de coerções coletivas que pesam sobre cada um e ditam o seu comportamento (e que se pode muito bem estudar etnograficamente como tal) levam os filhos dos trabalhadores a recusar a cultura escolar, e que a afirmação demonstrativa de seu *ethos* de classe (virilidade, preferência pelo trabalho manual, rejeição de tudo o que a «educação» imporia como disciplina do corpo, relação com o tempo) conduz pura e simplesmente à sua própria eliminação. Os rapazes descritos nesse livro se autoeliminam ou são eliminados, o que é a mesma coisa, e se encaminham para trabalhos manuais, ratificando assim o funcionamento desigual do mundo social e a sua reprodução sempre idêntica. Longe de contestarem a ordem estabelecida, longe principalmente de contribuírem para transformá-la, os *habitus* das classes trabalhadoras, expressos pelas aspirações profissionais e pelas projeções de si mesmo no futuro, instauram e reinstauram, ano após ano, a estrita divisão entre as classes sociais e a distribuição brutal e desigual daquilo a que os dominantes e os dominados podem ter acesso.[29]

Celebrar a «autonomia da cultura popular» e combater o «legitimismo» — que consiste, na realidade, se recusarmos esse «ismo» pejorativo que partidários de um populismo acadêmico inventaram para fins polêmicos e porque é necessário, em analisar como a expropriação inicial da cultura legítima leva, quase inevitavelmente, à expropriação final da cultura legítima, e, portanto, como o trabalho de operário dos pais conduz os filhos também fatalmente ao trabalho de operário — dá, como sabemos, a garantia de receber os elogios de quem gosta de exaltar o «povo», sua «autonomia», sua «competência crítica» e outras bobagens inventadas pelo etnocentrismo de classe dos intelectuais burgueses que, confundindo os dois sentidos da palavra «cultura», transpõem sua concepção da cultura para o modo como os que dela são privados vivem e percebem a sua existência. É de temer, infelizmente, que esse amor proclamado pelo povo nada mais seja do que uma forma de deixá-lo onde e como está. É um novo truque, uma poderosa artimanha do pensamento conservador. E, com certeza, uma das mais sinistras.

---

29.   Paul Willis, *L'École des ouvriers. Comment les enfants d'ouvriers obtiennent des boulots d'ouvriers* [1977]. Marselha: Agone, 2011.

3. Genealogias

O olhar marxista de Nizan propõe um recorte bastante binário do mundo social: a «burguesia» e a «classe trabalhadora». Essa divisão o leva, como vimos, a opor uma história e uma tradição operárias a uma história e a uma cultura burguesas. Ela, consequentemente, o leva a propor uma política da memória e da história proletárias, que ele visa alçar contra a história e a memória dos opressores e exploradores que predominam no mundo social e na geografia urbana, e cuja dominação em parte está ligada à alta cultura literária e filosófica.

Mas Nizan estava bem ciente de que havia outras formas de dominação e de inferiorização além daquela baseada na divisão da sociedade em classes e, portanto, de que havia outros modos de inscrição de si mesmo na História. O personagem central de seu terceiro romance, de 1938, *A conspiração*, é um filho da burguesia judaica do 16º distrito de Paris, e as primeiras páginas descrevem o momento em que ele escolhe a filiação política à qual vai aderir.

Em suma, era muito difícil para Rosenthal esquecer que era judeu. Às vezes ele sentia, quanto a seu próprio sobrenome, uma espécie de vergonha que considerava desprezível e em função disso corava. Ele também às vezes se orgulhava disso, e quando estava entre seus amigos acontecia de começar uma frase com «Eu que sou judeu», como se tivesse recebido de herança segredos que eles sempre ignorariam, receitas de como conhecer Deus, uma inteligência distinta, uma revolta, como se para sua salvação ele tivesse a possibilidade de explorar uma comovente e sangrenta história de batalhas, de pogroms, migrações, perseguições, exegese, ciência, poder real, vergonha, esperança e profecia. Mas bastava se encontrar entre os seus para odiá-los. [...] Que infelicidade arrastar consigo problemas de dois mil anos, as tragédias de uma minoria! Que infelicidade não ser sozinho.

Mas não é «sozinho» que ele quer viver. Ele simplesmente visa reivindicar outro pertencimento que não o transmitido pelo meio familiar. É no campo dos trabalhadores e do proletariado que ele se engaja com o círculo de jovens intelectuais de que faz parte e junto ao qual pretende atuar. O título da revista que eles decidem lançar fala por si só: *La Guerre civile* [A guerra civil]. Encontramos aqui um eco do romance de 1933, *Antoine Bloyé*, quando outro personagem, Laforgue, também filho da burguesia — mas da «burguesia francesa», diz o texto —, a quem o pai não para de censurar por considerá-lo «infiel», tem boas razões para lhe dizer que, pelo menos, é «fiel ao seu avô» e aos seus «antepassados camponeses», o que o romance comenta nestes termos: «Nada ameaça mais profundamente a solidez burguesa do que esse vaivém de traições que se equilibram, que são apenas os efeitos comuns das famosas etapas da democracia». Tem-se a impressão de que Nizan intercede por si mesmo.

Em todo caso, os dois jovens aqui mencionados escolhem se inscrever em uma história: o primeiro, ao se recusar a se ancorar na continuidade de sua história familiar; e o outro, pelo contrário, ao decidir reencontrar, para além da ascensão social de seu pai, o mundo pobre de seus avós e ancestrais, isto é, daqueles que são privados de uma história que preservaria quem foram e o que fizeram. A exemplo do artigo «Secrets de famille», é a «Revolução» que está por vir que serve de referência para a constituição de si próprios como subjetividades políticas. Mas o romance nos convida a pensar que optar por se unir à causa do povo, para um jovem burguês, é ter reconhecido os reais mecanismos da opressão, por trás das máscaras que outras percepções podem representar. Ao contrário de Rosenthal, Laforgue, de fato, «quando é tomado pelo desejo de se rebelar contra a condição que lhe é imposta por sua classe, conhece os problemas de uma ruptura menos complexa: a raça e suas mitologias, as conivências da Igreja, do clã e da caridade não lhe *ocultam* por muito tempo os *verdadeiros* rostos da sociedade».

Nizan, no entanto, não procura dissimular as reservas que agora sente em relação às ambições políticas de estudantes privilegiados que brincam de revolucionários:

> Como não tinham pressa, já que não precisavam ganhar a vida com o suor de seu rosto, pensavam que era preciso mudar o mundo. Eles nem sabiam ainda o quão pesado e disforme é o mundo, como ele não parece um muro que se derruba para então anunciar outro, muito mais bonito... mas antes um amontoado sem pé nem cabeça, gelatinoso, uma espécie de grande medusa com órgãos bem escondidos.

E mais ainda, quando escreve com amarga ironia que esses jovens «pensam que a única nobreza reside na vontade de subversão», mas que, na medida em que não sabem muito da vida real daqueles que querem defender, há, no fundo, em sua política apenas «gritos e metáforas». E, acima de tudo, talvez Rosenthal seja simplesmente «destinado à literatura, e que apenas constrói se valendo do estoque das filosofias políticas». Resumindo:

«Espinosa, Hegel, o marxismo, Lênin ainda são apenas grandes pretextos, grandes referências confusas».[30]

*

De certa forma, talvez seja o chamado inicial de Nizan para a implementação de uma luta pela memória das classes, como fora apresentada em seu artigo «Secrets de famille», que veremos reaparecer no que Sartre e Foucault disseram e escreveram no final da década de 1960 e início da de 1970 sobre a «memória das lutas operárias».[31] É óbvio, porém — e basta ter mencionado Sartre e Foucault para demonstrar isso —, que outros princípios de divisão, revelados por outras formas de pensar a política, por outros tipos de luta, ligados a outras ancoragens existenciais e a outras experiências vividas, foram acionados e considerados tão relevantes, tão legítimos e relacionados a «perfis» distintos da sociedade tão «verdadeiros» quanto aqueles da divisão da sociedade em classes antagônicas. Sartre não escreveu *A questão judaica*, *Orfeu*

30. Paul Nizan, *La Conspiration* [1938]. Paris: Gallimard, 1973, pp. 17-31 (col. Folio).

31. Durante o lançamento do jornal *Libération*, Foucault se encarregou de assumir uma «Crônica da memória operária» (cf. Didier Eribon, *Michel Foucault*. Paris: Champs-Flammarion, 2011, p. 398).

negro, Saint Genet? E a lista nunca será satisfatória: Simone de Beauvoir, por exemplo, critica o fato de ele nunca ter escrito sobre as mulheres. «Como é que você pode ter falado de todos os oprimidos — dos operários, dos negros em *Orfeu negro*, dos judeus em *A questão judaica* — e nunca ter falado sobre as mulheres?» Ela ainda poderia ter acrescentado os homossexuais em *Saint Genet*, os bascos, e, portanto, as minorias nacionais, em *Le procès de Burgos* [O processo de Burgos]...

Portanto, parece claro que vários princípios de repartição do mundo e de autopercepção podem coexistir em um mesmo período, e que outros podem ser adicionados àqueles que existiam em um ou outro momento da História. Mas esses esquemas de percepção do mundo estariam ligados uns aos outros? Ou cada um deles tem autonomia em relação aos demais? E o desejo de indexar todas as lutas às que dizem respeito à dimensão econômica não implica o risco de tentar manter em uma posição secundária, subalterna, outras maneiras de pensar a si próprio como sujeito da política e, portanto, simplesmente, como sujeito? E isso em nome de uma ideia da política que é, precisamente, contestada por essas outras formas de padecer a opressão.

A discussão entre Sartre e Beauvoir — em 1975 — girou em torno dessa questão da articulação da «luta das mulheres» com a «luta de classes». Beauvoir insiste na «especificidade da luta feminina», ou seja, a seu ver, trata-se de «uma daquelas lutas que ocorrem fora da luta de classes, ainda que, de certa forma, estejam vinculadas a ela». E acrescenta: «Hoje encontramos muitos outros exemplos, como as lutas dos bretões, dos occitanos etc., que não se confundem com a luta de classes».[32] Sartre tenta manter um elo entre as diferentes lutas, mas acaba admitindo que há uma autonomia da luta das mulheres.

A própria Beauvoir, em *O segundo sexo*, questionava-se sobre a possibilidade de haver um movimento que unisse todas as mulheres, na medida em que isso implica fazer prevalecer um princípio de solidariedade entre indivíduos que, em tantos outros aspectos, quase tudo parece separar: «Os proletários dizem 'nós'. Os negros também. Ao se afirmar como sujeitos, eles transformam em 'outros' os burgueses e os brancos. Enquanto isso, 'as mulheres' — exceto em certos congressos que ainda são manifestações abstratas — não dizem 'nós'».[33] Dizer «nós» é um modo de se constituir «autenticamente como sujeito», e se

32.   «Simone de Beauvoir interroge Jean-Paul Sartre». In: Jean-Paul Sartre, *Situations* X. Paris: Gallimard, 1976, pp. 116-32.

33.   Simone de Beauvoir, *Le Deuxième Sexe*. Paris: Gallimard, 1996, p. 19 (col. Folio).

afirmar como sujeito implica dizer «nós». Mas o fato de as mulheres não dizerem «nós» significa, por um lado, que se pode falar de sua participação, como parte dos grupos dominados, em sua própria dominação (Beauvoir fala de uma «submissão» de si próprio a um ponto de vista estrangeiro, o dos homens), mas também, por outro lado, que o «nós» nunca é dado de antemão nem, consequentemente, o «eu» transformado que dele resulta, mas que deve sempre ser construído e instaurado pela mobilização política e pela análise teórica (os dois não sendo dissociáveis aqui).

Pode-se, obviamente, enfatizar aqui que o trabalho de Foucault na escavação dos «saberes subjugados» nunca se limitou às «lutas dos trabalhadores» ou mesmo às «lutas populares» que tanto o interessaram desde a época em que fundou o Grupo de Informação sobre Prisões, em 1971, até a publicação de *Vigiar e Punir*, em 1975. Pode-se até dizer que ele falou desses grupos apenas durante esse período bastante breve de sua vida. Com *A vontade de saber*, em 1976, ele deslocou seu olhar para os objetos de que se ocupara antes. Essa «insurreição dos saberes subjugados», à qual ele convocou em seu curso no Collège de France, só poderia de fato acontecer em uma ótica multidimensional: ele cita vários movimentos que, politizando um ou outro aspecto da experiência, suscitaram «retornos de saber». De certa forma, o método genealógico utilizado de *História da loucura* até *História da sexualidade* assume que cada instituição, cuja data de nascimento ele procura estabelecer — nesse sentido, o pensamento de Foucault é um pensamento do acontecimento, ou antes, de seu advento —, pressupõe uma heterogeneidade do tempo histórico: a subjetividade que se rebela e a instância de poder contra a qual se rebela têm sua própria história, sua própria temporalidade. Uma vez feita essa constatação do caráter específico, setorial, «local» de cada luta e, portanto, da pluralidade das temporalidades políticas, impõe-se a inevitável pergunta sobre se, e como, uma articulação, uma sincronização, uma globalização podem ser feitas, podem se dar. Basicamente, Foucault se faz as mesmas perguntas que Sartre e Beauvoir. Como para estes últimos, suas respostas flutuam, evoluem.

É precisamente apoiando-se «nos notáveis estudos de Michel Foucault sobre a *História da loucura* e *O nascimento da clínica*» que Louis Althusser tentou desenvolver uma abordagem do tempo histórico que levasse em conta essa heterogeneidade e essas especificidades: «Devemos construir os conceitos dos diferentes tempos históricos que nunca são contemplados pela evidência ideológica da continuidade do tempo [...] mas que devem ser construídos a partir da natureza diferencial e da articulação diferencial de seu objeto na estrutura do todo». Althusser fala da «temporalidade absolutamente inesperada» que caracteriza os processos de constituição e desenvolvimento das «formações culturais» como a «loucura», o «olhar clínico» etc. Na obra de Foucault, não se trata de apontar «cortes» numa continuidade histórica que seria visível, para «periodizar essa continuidade», mas de «construir, identificando-o, o próprio objeto e, assim, construir o conceito de sua história». O que relega à ingenuidade empírica as categorias do «contínuo» e do «descontínuo», que «resumem o mistério evidente de toda história»: «Estamos diante de categorias infinitamente mais complexas, específicas, segundo cada tipo de história, em que intervêm novas lógicas».[34]

Mas esse projeto teórico está assentado, e Foucault nunca deixou de afirmá-lo, sobre o mal-estar vivido por um sujeito subjugado ou um conjunto de sujeitos subjugados diante da instituição subjugadora. A reconstrução da lógica específica de uma «formação cultural» tem como ponto de partida o gesto de recuo, o movimento de revolta contra a violência de um poder

34. Louis Althusser, «Les défauts de l'économie classique. Esquisse du concept de temps historique». In: Louis Althusser, Étienne Balibar, *Lire le Capital*, tomo 1. Paris: Maspero1971, pp. 112-49 (col. Petite Collection Maspero). Citações: p. 129.

cujo questionamento crítico desfaz o caráter de evidência e permite assim afrouxar a sua influência. Foucault poderia dizer que a investigação genealógica é o «trabalho paciente que dá forma à impaciência da liberdade». A «indocilidade refletida» nasce e se ampara em uma indocilidade existencial, espontânea, que ela transforma em problema teórico-político.

*

Para abordar a multiplicidade de possíveis «recortes» do mundo social e, portanto, de perspectivas da História, poderíamos citar a longa carta que Aimé Césaire dirigiu ao secretário-geral do Partido Comunista, Maurice Thorez, em 1956. Nela, ele anuncia que está deixando o partido, já que este não conseguiu operar a virada democrática da desestalinização, por estar imobilizado em uma doutrina que Césaire considera «paternalista» em relação aos povos coloniais, ou antes, mas igualmente detestável e negador das questões específicas — que ele pretende destacar —, um «fraternalismo»:

> Que me permitam pensar mais especificamente em minha pobre terra natal: a Martinica.

Penso nela para constatar que o Partido Comunista francês é absolutamente incapaz de lhe oferecer qualquer perspectiva que não seja utópica; que o Partido Comunista francês nunca se preocupou em garantir a ela qualquer saída; que ele nunca pensou em nós, exceto em função de uma estratégia mundial no mínimo desconcertante.

Penso nela para constatar que o comunismo acabou colocando a corda da assimilação em seu pescoço; que o comunismo acabou isolando-a na bacia do Caribe; que terminou arrastando-a para uma espécie de gueto insular; que acabou isolando-a de outros países antilhanos, cuja experiência poderia ser instrutiva e frutífera (*porque eles têm os mesmos problemas que nós e sua evolução democrática é impetuosa*); que o comunismo, finalmente, conseguiu nos separar da África negra, cuja evolução agora está tomando a direção oposta da nossa. E, no entanto, essa África negra, mãe de nossa cultura e civilização antilhanas, é dela que espero a regeneração das Antilhas, não da Europa, que só pode completar a nossa alienação, mas da África, a única capaz de revitalizar, repersonalizar as Antilhas.

Eu sei bem. Oferecem-nos em troca a solidariedade do povo francês, do proletariado francês e, mediante o comunismo, dos proletariados mundiais. Não nego esses fatos. Mas não quero erigir essas solidariedades na metafísica. Não há aliados com direito divino.[35]

Podemos ver claramente que é difícil reduzir a uma única dimensão — a das «classes» sociais — a análise da dominação, quando outros movimentos, outros autores passam a opor outras percepções da opressão àquela que predomina e que exerce, consequentemente, seus efeitos de dominação. Uma batalha está sendo travada na ordem do discurso para afirmar a existência e os direitos dessas outras «vozes» em face do poder hegemônico daquela que as nega ou tenta silenciá-las reivindicando o monopólio do «verdadeiro» olhar sobre o mundo.

Na realidade (e talvez se deva escrever: na performatividade), há uma identidade, uma história, uma memória, quando palavras, teorias passam a nomear um conjunto de fenômenos e a organizá-los em uma mesma categoria. Fanon poderia dizer, em *Pele negra, máscaras brancas* (livro em que, convém lembrar, a análise política e social do afeto da «vergonha» tem papel central), que os habitantes da Martinica nunca haviam se pensado como negros antes de Césaire falar em «negritude». É a designação por um ato de fala que produz a autopercepção, e

35.   Aimé Césaire, *Lettre à Maurice Thorez*. Paris: Présence africaine, 1956.

é a autopercepção que produz uma nova realidade política. Essa maneira de politizar o mundo de outra forma envolve inevitavelmente a criação de outra perspectiva geográfica e outra genealogia histórica, ao mesmo tempo que uma temporalidade diferente da conhecida.

Quando Édouard Glissant lança, em *O discurso antilhano*, a sua célebre «disputa com a História» em nome da memória dos povos relegados à margem, ele declara: «O tempo antilhano se estabilizou no vazio de uma não-história imposta, o escritor deve ajudar a restabelecer sua conturbada cronologia». Esta é, portanto, a tarefa que Glissant atribui à escrita: apelar à memória para lutar contra o apagamento de uma história particular pela História com pretensão universal. Mas a memória não está dada. É preciso ir à procura dela, ajudá-la a se expressar, a se organizar. É preciso, em certo sentido, compô-la: «Como a memória histórica foi rasurada com muita frequência, o escritor antilhano deve 'escavar' essa memória a partir de vestígios às vezes latentes que ele localizou no real».[36]

Ora, se essa história marginalizada e largamente esquecida não conseguiu impor o seu lugar no relato

36. Édouard Glissant, «La Querelle avec l'histoire». In: *Le Discours antillais*. Paris: Seuil, 1981, pp. 130-3.

unitário e mutilador produzido pela «noção de uma História linear e hierarquizada», é porque ela se afirma apenas de maneira fragmentada, e a memória coletiva custa a compreendê-la como um todo: «A descontinuidade e a impossibilidade de a memória coletiva abarcá-la caracterizam o que chamo de uma não história». Essa descontinuidade caracteriza as populações que se manifestam apenas por meio de «bruscas interrupções de sua revolta incessante».

Assim, «disputar com a história» equivale a focalizar a atenção na permanência subterrânea da revolta incessante, da qual só o brilho dos momentos insurrecionais e das repressões que se seguem chega à superfície, dando a todos a sensação de uma incoerência fundamental. Aqui, novamente, é preciso construir outro conceito de tempo histórico sobre um objeto que é analisado de maneira específica.

Mas isso significa que não existe uma escrita neutra. E que a relação com a cultura é aqui bastante decisiva. O projeto de Glissant é criado tanto contra o relato da História oficial quanto contra aquele — ou, mais exatamente, contra aqueles, dispersos e incertos — de uma memória que não consegue se unificar em um relato, ou seja, se pensar como uma história. Caberá ao poeta dar forma e sentido à experiência vivida dos dominados. Isso implica estar atento a essa experiência, sem, contudo, renunciar a um certo distanciamento (mesmo que seja apenas aquele introduzido pelo próprio ato de escrever, de reconstituir fragmentos espalhados, quando não nos contentamos em atuar como meros estenógrafos daquilo que vimos e ouvimos). Mas, na medida em que Glissant também define seu projeto literário e político da «relação» e da «mestiçagem» contra a ideia de «negritude», entendemos que é ainda outra versão da história que ele pretende propor. Outra memória tanto a ser inventada quanto exumada.

*

A História e a Memória são políticas do começo ao fim. Poderíamos usar a expressão de Ian Hacking, que, em um contexto bem distinto e sobre um assunto completamente diferente, fala em «memoro-política». Isso torna terrivelmente difícil a realização do projeto de autoanálise. Se cada um de nós se inscreve potencialmente em várias histórias, em vários passados, não é nada fácil explorá-los juntos, sem enganar quanto ao que escolhemos destacar ou deixar no escuro. Sempre haverá uma dimensão que iremos negligenciar. Além disso, essas histórias, esses passados dependem do olhar que configura o presente da política e das categorias de percepção do mundo e de si que ele disponibiliza ou que faz desaparecer. E essas categorias mudam, mesmo no decorrer de uma vida: vimos o marxismo desaparecer rapidamente, e com ele a ideia de «classe» localizada no espaço da «luta de classes»; vimos os movimentos feministas, gays e lésbicos, raciais, pós-coloniais etc. assumirem importância crescente.

Sobre quais elementos do meu passado e da minha memória posso dirigir o meu olhar a fim de realizar a contento essa «introspecção sociológica», e, portanto, política, que me propus a fazer neste livro? Conheci os tormentos e convulsões sociais tão bem descritos por Nizan, e que são aqueles, sem dúvida, que vivem todos os trânsfugas, e todos aqueles que um dia cruzaram uma fronteira: social, nacional, cultural... abrindo mão de algo próprio a si mesmos. Mas também sou como Neil Bartlett andando pelas ruas de Londres no início dos anos 1980, olhando ao seu redor as fachadas do século XIX. Ele imagina todos os homens que caminharam antes dele por aquelas mesmas ruas, naquela mesma cidade, com a qual ele tanto sonhou antes de poder se mudar para lá. Ele percebe que a cidade tem uma história, e que essa história é sua: o que ele é hoje, outros inventaram para ele. Ele pensa na vida daqueles que o precederam nessa história gay: Oscar Wilde, que pagou caro por sua ousadia, ou as travestis presas pela polícia por aparecerem com vestidos no espaço público, e tantos outros que desafiaram a ordem e as forças da ordem.[37] Como Nizan, deixei um meio, um lugar, um passado, que ainda carrego dentro de mim. Como Bartlett, inventei outro meio, outro «eu», que conviveram mais ou menos pacificamente com aqueles que ocuparam esse lugar antes deles, muitas vezes buscando substituí-los, mandá-los de volta às sombras. Mas o eu «social», o eu «sexual» esgotam quem «eu» sou: ao longo dos capítulos deste livro, também falei do «eu» profissional, do «eu» relacional (os amigos)... e cada uma dessas instituições — a amizade, as profissões — tem sua própria história que também se apossa dos recém-chegados e se impõe a eles e ao que podem ou não podem fazer. De quais histórias coletivas é composto um indivíduo singular? De quais determinações objetivas resulta uma subjetividade particular? De quais «situações» e «predestinações», para usar as palavras de Sartre, a autoafirmação política é a ressignificação e a superação?

A pergunta a ser feita para cada um dos «eu» que pretendi analisar seria então a seguinte: quando começa?

37. Neil Bartlett, *Who Was that Man: A Present for M. Oscar Wilde*. Londres: Serpent's Tail, 1988, pp. XXI-XXII.

Até onde vai o passado de cada um deles? Sua história? Até onde deveríamos ir, se, como Bartlett nos diz, os próprios homens do século XIX de quem ele se sente herdeiro deviam «buscar as provas de sua própria existência vasculhando as bibliotecas com um entusiasmo erudito pela cultura clássica ou pelo Renascimento».[38] A regressão às profundezas do tempo da invenção de si seria a tal ponto infinita? É exatamente para lá que a genealogia foucaultiana conduziu seu autor, passo a passo: em direção ao Renascimento, em direção à Roma Antiga, em direção à Grécia Antiga... Quando iniciou seu livro *História da sexualidade*, ele considerou, para pensar os processos de sujeição, uma história que iria se desdobrar ao longo de «três longos séculos», do século XVII ao XX. Nos volumes seguintes, para imaginar a «arte» e a prática de uma possível dessujeição, ele aplica outra abordagem histórica, que o leva a se projetar num passado muito mais distante para encontrar a si mesmo. A genealogia da liberdade não coincide com a da opressão. E a «ontologia de nós mesmos» é escrita por meio de dois caminhos bem distintos.

*

38.   Ibid., pp. 226-7.

Quem melhor tentou responder a essa pergunta sobre o nascimento do «eu» do que a escritora Assia Djebar? O primeiro volume de sua autobiografia, *L'Amour, la fantasia*, se inicia com uma cena de batalha em 1830. Nela se testemunha a tomada da Argélia pelo exército francês. Esse acontecimento marca o início de uma longa e mortífera guerra liderada pelas tropas coloniais para reduzir a resistência do país invadido e submetê-lo à lei do ocupante. Nas últimas páginas desse livro, depois de ter falado tanto sobre a sua história pessoal como sobre a história das guerras da Argélia — daquela que os franceses começaram pouco antes de meados do século XIX para conquistar o país, até a terrível violência que exerceram, em meados do século XX, para ali se manter contra as forças que lutavam pela libertação e independência de seu país —, Assia Djebar escreve:

> Fiz uma constatação estranha. Nasci em 1842, quando o comandante Jacques Leroy de Saint-Arnaud vem destruir a *zaouia*, o templo religioso dos Beni Ménacer, minha tribo de origem, e se extasia com os pomares, as oliveiras perdidas, «as mais belas de todas as terras da África», disse ele em carta ao irmão. Foi sob a luz desse incêndio que consegui, um século depois, deixar o harém; e é porque ele ainda me ilumina que encontro forças para

falar. Antes de ouvir minha própria voz, distingo os clamores, os gemidos dos encarcerados do Dahra, dos prisioneiros de Sainte-Marguerite. Eles fornecem a orquestração necessária. Eles me interpelam, eles me apoiam para que, uma vez dado o sinal, meu canto solitário comece.

Para a autobiografia, sua data de nascimento não é a do estado civil; é a que inscreve a história individual e a identidade pessoal na história e na identidade coletivas e na complexidade destas últimas: o «eu» — que é tanto o sujeito quanto o objeto do livro — explora as camadas de sua composição indo em busca das chaves da singularidade individual no que há de mais impessoal e mais coletivo, mais enraizado nas profundezas do tempo histórico, nas distribuições do espaço geográfico e do mundo social. Assia Djebar pode escrever somente porque é guiada pela voz dos torturados. Ela nasceu em 1842, sob a luz dos incêndios, sob a sombra dos massacres. Por meio dela, são todos os outros que falam, é toda a história que é contada. Toda essa história da qual ela provém. Mas esse texto não é uma tradução: Assia Djebar escreve em francês. Ela escreve em «língua adversa», como diz em páginas belíssimas e bastante inquietantes. Portanto, como falante de francês, ela também nasceu na época da invasão. Ela escreve na língua do colonizador. Ela sabe disso...

E, se entendi bem a passagem que acabei de citar e as páginas que a secundam, ela sugere que foi também sua relação com a França, com a cultura francesa, com a literatura francesa... o que lhe despertou a vontade de emancipação das tradições de seu país. A revelação de si por meio da linguagem do adversário é também a história da retirada do véu, que não será conhecida por aquelas que ela chama de «minhas companheiras enclausuradas».

«O exercício da autobiografia na língua do adversário de ontem» e o «perigo permanente de deflagração» que ela vivencia e sustenta nesse gesto literário nos remetem, portanto, a isto: cada frase que ela inscreve em uma página desperta de imediato a antiga guerra entre dois povos, que «entrecruza seus signos nas reentrâncias de minha escrita». É na língua do colonizador que ela evoca a história do colonizado. É na língua dos opressores que ela devolve a voz aos oprimidos. Ela utiliza, para falar, o que um dia constituiu um «sarcófago» para os seus, o que os condenava «ao silêncio ou à masmorra». Mas ela escreve seus livros na língua que lhe deu acesso à cultura e à emancipação, e à saída de seu anonimato. É porque ela herdou «esse legado sangrento», esses «despojos», nos diz ela, engendrados no «corpo a corpo mortal dos soldados franceses com meus antepassados», que ela possui a faculdade de tornar presentes aquelas vozes que a «sitiam», aquelas de seu povo martirizado e escravizado por tanto tempo.[39]

O que significa escrever na língua do inimigo? O que significa escrever sobre dominação na língua dominante ou na língua dos dominantes? Escrever na língua do inimigo é uma frase de Genet que Annie Ernaux gosta de citar. O que isso torna possível? E que viés, talvez, isso introduz na relação daqueles que escrevem com aqueles sobre quem escrevem e com aquilo sobre o que escrevem?

Existe outra maneira, outro caminho?

---

39. Assia Djebar, *Ces voix qui m'assiègent*, op. cit., pp. 190 e 69-72.

EPÍLOGO. RECORRER

Ao procurar um livro nas estantes da minha biblioteca, encontrei um texto de André Gide, *Diário dos moedeiros falsos*, um fino volume publicado pelas edições Gallimard, que sem dúvida comprei quando estava preparando meu livro *Reflexões sobre a questão gay*, no final dos anos 1990, mas que eu tinha guardado e esquecido, sem nunca o abrir. Duas horas foram suficientes para preencher essa lacuna. Ocorreu-me que deveria ter mantido um diário enquanto escrevia *Retorno a Reims*. Não sei se teria sido viável: comentar, no decorrer dos meses, o trabalho de autoanálise que estava sendo realizado, portanto, olhar como que do exterior o processo de reflexividade, para oferecer uma reflexividade de segundo nível? Isso talvez tivesse me ajudado? Talvez tivesse tornado a tarefa mais fácil? De qualquer modo, isso teria me permitido mostrar todo o trabalho envolvido: as leituras de obras ou autores dos quais ficou uma única referência, ou às vezes uma simples alusão codificada; as páginas escritas e abandonadas, os fragmentos autocensurados, os parágrafos cortados na releitura do manuscrito porque teriam quebrado o ritmo de um capítulo, ou o prefácio e a conclusão excluídos no último momento, para não blindar o texto com uma armadura protetora.

Esse curto diário de Gide me fascinou: seis anos se passaram entre o momento em que ele iniciou o trabalho de seu livro e aquele em que o terminou. Entende-se o quanto é difícil conceber um texto cujos contornos e cujas grandes linhas imaginamos previamente, mas que deve ser inventado página após página, e o quanto é difícil concluir o projeto! No fundo, parece quase impossível fazer um livro totalmente novo, que rompa com as formas estabelecidas, que trace seu próprio caminho, que esboce e crie seus próprios critérios e suas próprias exigências. Impossível... até o dia em que descobrimos, ou que decidimos, que ele está finalizado.

Eu quis então reler *Os moedeiros falsos*. Eu tinha esquecido tudo sobre os múltiplos temas e intrigas que ali se misturam, os vários personagens que ali se cruzam. Eu não iria tão longe a ponto de dizer que gosto desse livro. Mas percebo de que esforço imenso, de que obstinação ele é o produto. Também entendo tudo o que ele está tentando dizer e mostrar. E, por trás da cortina que constitui a sua condição de clássico, encontramos rapidamente, por mais distraídos que estejamos, o eco das lutas que ele buscou travar em sua época, no campo da literatura, no campo das políticas sexuais etc.

O leitor cuja memória for melhor do que a minha sem dúvida se lembrará disto: o romance começa com uma partida, quando um adolescente deixa a casa da família; e termina com um retorno, quando ele então volta para casa, ao final de uma série de peripécias que transcorrem ao longo de quase trezentas páginas. Como ficam tristes os pais quando os filhos os abandonam sem se preocupar com o sofrimento que esse gesto certamente lhes causará! É por isso que essa fuga pode parecer menos evidente, menos necessária para o autor cujas exasperadas exclamações de outrora ainda ressoam no livro. E o retorno, no fundo, acaba sendo tranquilizador para todo mundo.

É certo que não se trata a rigor de uma «odisseia da reapropriação», embora a partida tenha sido provocada pela descoberta de um «segredo de família» (quando o jovem fica sabendo que não é filho biológico de seu pai) e o retorno tenha se dado quando ele aceita essa situação e encontra aquele que sempre o considerou como seu filho, do mesmo modo que seus outros filhos. Mas tudo isso acontece nas esferas da alta burguesia e da aristocracia parisienses. E, se o romance faz um retrato sem complacência de uma classe social e de seus diferentes contextos, é importante observar que nenhum dos principais protagonistas se questiona sobre quem ele é e de que história ele é herdeiro. O que não quer dizer, aliás, que não haja crises, dramas, paixões infelizes... O romance se esforça para incluí-los. Mas não saímos do mundo dos dominantes, tal como condenou Nizan mais ou menos na mesma época; além disso, a posse de bens, o usufruto de privilégios e da cultura legítima são nesse romance tratados como naturais, tal qual o ar — dos bairros nobres — que se respira. Mesmo a relação romântica e sexual que se estabelece entre o escritor, que encarna tanto a pureza artística quanto a pureza moral, e outro rapaz não parece esbarrar na hostilidade do mundo em que ela se desenrola, tal como não esbarrou o relacionamento que vivera anteriormente, por despeito, esse mesmo jovem com um odioso literato mundano, cujo retrato pouco lisonjeiro serve de contraste. Imagino que esta fosse a intenção de Gide: instalar a homossexualidade como uma coisa evidente, sem nem precisar nomeá-la. O que — e é muito importante destacá-lo — não impede, de forma alguma, que ela possa ser algo doloroso de assumir, já que o garoto terá de passar pela terrível provação de uma tentativa de suicídio, da qual escapa milagrosamente.

Todos esses temas juntos não são suficientes para tornar o romance cativante. Na verdade, foi outra ideia desenvolvida no livro que me chamou atenção e que se expressa no próprio título: pode-se escrever sem trapacear? Sem enganar os outros ao mentir para si mesmo? E que tipo de esforço é preciso fazer para evitar pôr em circulação o que se assemelharia a moeda falsa? Como não trair o princípio fundamental da veridicidade, da preocupação em dizer a verdade, daquela *parrêsia* que Foucault insistiu em inscrever, em suas últimas aulas no Collège de France, na própria definição do papel do intelectual, com a «coragem» de assumir e de enfrentar os «riscos» que isso pode implicar?

No interior do romance, o personagem de Édouard, livre e escrupuloso (e que se pode supor que representa uma espécie de duplo do próprio Gide), escreve um romance denominado *Os moedeiros falsos*, e também mantém um diário, segundo um procedimento literário que quase sempre me parece tão artificial quanto enfadonho. Mas nele me chamou atenção, como a outros antes de mim, este trecho:

> X... afirma que o bom escritor deve, antes de começar seu livro, saber como esse livro vai acabar. Já eu, que me deixo levar pela aventura, considero que a vida

não nos oferece nada que, tanto quanto qualquer desfecho, não se possa considerar como um novo ponto de partida. «A seguir, os próximos capítulos...» É com essas palavras que eu gostaria de terminar meu romance *Os moedeiros falsos*.

O que eu poderia acrescentar a essa afirmação? Eu adoraria que fosse minha. A não ser pelo fato de que eu não quis escrever um romance. E também porque cabe a outros «escrever os próximos capítulos». A exploração dos estratos e camadas da «vergonha» — se entendermos com isso uma exploração das formas incorporadas da inferiorização e da sujeição — pode levar à criação de novos significados sociais, culturais, políticos, existenciais, os quais não seria exagero qualificarmos como emancipatórios e talvez até revolucionários. Questionar o veredito já é uma forma de privá-lo de seu caráter de evidência. É preciso recorrer da sentença. Mas, como não há instância perante a qual interpor esse recurso, é simultaneamente em nós mesmos e no mundo social que nos cabe organizar essa resistência à inércia e aos fardos do passado que se impõem de modo sempre eficaz sobre o presente, e trabalhar para a invenção de novos possíveis. Este seria um belo programa político: criar significados revolucionários que não sejam apenas reativos e negativos, mas decididamente positivos e inventivos.

Já posso ouvir as objeções. Mas Marx, o jovem Marx, aquele que sonhava com o estabelecimento de uma sociedade democrática, já deu a resposta, em carta a Arnold Ruge, em 1843:

> A você que me olha com esse meio sorriso no rosto e diz: A vergonha não leva a nenhuma revolução! Eu respondo: A vergonha já é uma revolução [...]. A vergonha é uma espécie de indignação, de indignação que se interioriza. E, se toda uma nação sentisse realmente vergonha, ela seria como o leão que se encolhe para em seguida saltar sobre a presa.

Eu, é claro, não considero a «revolução» da maneira como Marx considerava: nem como ideia, nem como prática. As formas de sujeição são múltiplas e complexas, ao mesmo tempo enraizadas e mutáveis; e as resistências ou as insurgências individuais e coletivas que gostariam de promover a dessujeição, ou até mesmo a liberação e a liberdade, nem sempre nem necessariamente poderão ser conciliáveis umas com as outras. A História não é um grande fluxo no qual os movimentos e as lutas vão acabar se encontrando em uma síntese geral. É bem possível, ao contrário, que cada nova voz que busque se fazer ouvir não chegue a se afirmar diante daquelas que delimitam a percepção da vida social em um dado momento. A divergência desfaz ou irá desfazer a convergência que se acreditava ou que se esperava poder estabelecer. Não creio que seja imaginável ou mesmo viável ultrapassar essas aporias. Por outro lado, tenho certeza de que apenas uma análise teórica sempre renovada acerca dos mecanismos da dominação, com suas inúmeras engrenagens, registros e dimensões, aliada a um desejo inarredável de transformar o mundo no sentido de conquistar uma maior justiça social, nos permitirá resistir, tanto quanto possível, às várias formas da violência que oprime e implementar o que por fim se poderá chamar legitimamente de uma política democrática.

VERSALETE

1. CLARA SCHULMANN *Cizânias*
2. JAN BROKKEN *O esplendor de São Petersburgo*
3. MASSIMO CACCIARI *Paraíso e naufrágio*
4. DIDIER ERIBON *A sociedade como veredito*
5. LOUIS LAVELLE *O erro de Narciso*

Composto em Argesta e Kepler
Belo Horizonte, 2022